VERENA KLAUS
Zero Waste – so geht's

Über die Autorin:

Verena Klaus, geboren 1983 in Darmstadt, studiert Modedesign und arbeitet bis 2013 als freie Kostümbildnerin und Ausstatterin für verschiedene Theater. Eine Indienreise und die Geburt ihres ersten Kindes verändern ihr Leben. Seitdem lebt sie mit ihrer Familie möglichst zero waste und schreibt darüber auf ihrem Blog simplyzero.

VERENA KLAUS

ZERO WASTE

so geht's

Einkaufen, putzen, unterwegs sein –
ALLES OHNE MÜLL

lübbe *life*

Dieser Titel ist auch als E-Book erschienen.

Vollständige Taschenbuchausgabe
der bei Bastei Lübbe erschienenen Paperbackausgabe

Überarbeitete Neuausgabe

Copyright © 2020 by Bastei Lübbe AG, Köln
Titel der Originalausgabe: »Müllkommanix«

Umschlagmotive: © shutterstock: MeSamong | j.chizhe
Umschlaggestaltung: Jeannine Schmelzer
Satz: hanseatenSatz-bremen, Bremen
Gesetzt aus der Adobe Caslon Pro
Druck und Verarbeitung: GGP Media GmbH, Pößneck
Printed in Germany
ISBN 978-3-404-06002-3

2 4 5 3 1

Sie finden uns im Internet unter
www.luebbe.de
www.luebbe-life.de
Bitte beachten Sie auch: www.lesejury.de

Hinweis:

Die Rezepte im Buch sind von mir entwickelt und getestet. Da ich eine sehr sensible Haut habe und alles, ob Essen oder Kosmetik, auch von meinen Kindern getestet wird, kann ich meine Empfehlungen guten Gewissens geben. Jedoch ist jegliche Haftung meinerseits bei Schäden an Hab und Gut und Leib und Seele ausgeschlossen.
Für keine der in diesem Buch empfohlenen Firmen und keines der Produkte bin ich bezahlte Werbepartnerin.

Alle Fakten, Thesen und Ratschläge in diesem Buch wurden sorgfältig ausgewählt, durchdacht und durch Ausprobieren sowie Anwendung auf ihre Wirksamkeit geprüft. Dennoch können Verlag und Autorin keine Garantie für den Erfolg oder ein Ergebnis übernehmen. Die Anwendung erfolgt immer auf eigenes Risiko und eigene Verantwortung. Bitte ziehen Sie bei gesundheitlichen Problemen eine Ärztin oder einen Arzt Ihres Vertrauens hinzu. Der Verlag übernimmt für Gesundheitsschäden jeglicher Art keine Haftung.

Inhalt

Vorwort	9
Einleitung	12
What the Zero?!	21
Refuse, Reduce, Reuse, Recycle, Rot	24
Tipps zum Anfangen	29
Zero Money – Zero Waste?	35
Küche & Essen	40
Sauber. Haushalt	71
Schön, gepflegt und gesund	83
Gesundheit	114
Kaufen. Kaufen?	122
Kleidung	128
Wohnen	134
Mobil und unterwegs	144
Freunde & Familie	157
Arbeiten	159
Kinder	165
Feste feiern	183
Ende Gelände	187
Und jetzt?	190
Nachwort	192
Danke	194
Anhang	196

Vorwort

Ich lege die Karten auf den Tisch:
Wir machen Müll.

Wir, das sind vier:
- Verena, Autorin dieses Buches, Kostümbildnerin und Unternehmerin, Mama.
- Orlando, mein Mann, Schauspieler und Regisseur, Papa.
- Hugo, großer Bruder, Kapitän, Denker, zukünftiger Windrädermacher und Astronaut.
- Kasimir, kleiner Bruder, Pilot, Löwe, Kamikaze.

Natürlich machen wir Müll. Außerhalb unserer vier Wände und auch innerhalb. Wir bringen in halbwegs regelmäßigen Abständen den Müll runter. Zum Glück deutlich weniger und seltener als der Durchschnitt. Wir sind keine Heiligen. Wir besitzen keinen eigenen Unverpacktladen. Auch gibt es bei uns keinen. Genauer gesagt: Einen gibt es schon in unserer Stadt. Doch er hat ungünstige Öffnungszeiten. Der Weg dorthin ist leider ätzend nervig. Bei Regen geht es eh nicht, dann werden die Einkäufe im Fahrrad nass. Unsere Besuche im letzten Jahr kann ich an zwei Händen abzählen. Ich verstehe, wenn andere sagen: »Sorry, aber das Einkaufen von unverpackten Lebensmitteln haut für mich nicht hin.«

Ich weiß aber, dass es möglich ist – ob als Familie, als Paar oder als Single –, wenig Abfall und Verschwendung zu produzieren, und das ohne riesige Umwege. Entspannt, mit Mehrwert und vielen guten Begegnungen. Es lohnt sich, den inneren Schweinehund ein Stück weit loszuwerden, Gewohnheiten zu durchbrechen und abseits der üblichen und oft langweiligen Pfade zu wandeln. Es geht nicht immer darum, alles unverpackt zu kaufen. Oft macht eine Verpackung keinen Sinn, manchmal eben doch. Gerade, wenn durch ein weltumspannendes Virus Hygieneregeln nicht mehr nur im Krankenhaus über Leben und Tod entscheiden können, sondern auch im privaten Alltag, wo sie bisher eher eine persönliche Präferenz waren.

Extremsituationen wie die Corona-Pandemie zeigen uns, was wirklich relevant ist und durch Zero Waste können wir z.B. lernen, Probleme – wieder – selbst zu lösen, Fragen zu beantworten und Bedürfnisse zu stillen, für die es bisher spezielle Produkte und Konsumgüter brauchte. Uns wird ständig suggeriert: »*Das* ist die Lösung, das perfekte Produkt, das euer Leben erleichtert.« Was oft vor allem bedeutet: Es kostet jede Menge Geld, Zeit und Platz. Und landet am Ende doch: im Müll. Den wir nach unten tragen, in die völlig überfüllte Mülltonne stopfen oder wieder mit nach oben nehmen müssen, bis die Mülltonne endlich geleert wird.

Ich bin keine Zero-Waste-Tussi aus der Verschwörungstheoretiker-Freak-Schublade. Wir sind keine Hardcore-Ökos. Gerade wenn man sich so einem speziellen und nach wie vor eine Randerscheinung darstellenden Lebensstil verschrieben hat, vermittelt sich anderen manchmal ein solches Bild, das ich nicht mag und das auch nichts mit uns zu tun hat.

Als ich begann, mich mit dem Thema Müll zu beschäftigen, hatte ich noch keine Ahnung, wie komplex es ist. Die Behauptungen und Thesen, die in diesem Buch beschrieben werden, habe ich mit Quellen und Verweisen unterlegt. Wer sich also für Hintergründe interessiert, ist herzlich eingeladen, den Links zu folgen. Alle anderen können das Buch entspannt durchlesen mit dem Wissen, dass ich meine Hausaufgaben gemacht habe.

Übrigens: Ich schreibe oft von »ihr« und »wir«. Bisher hatte ich beruflich immer in Branchen zu tun, in denen konsequent geduzt wird, und empfand das immer als gute Basis für Teamarbeit. So auch hier. Denn Zero Waste ist Teamarbeit, und je mehr wir gemeinsam schaffen, desto stärker werden wir, und desto mehr können wir bewirken.

Und: Dieses Buch ist für alle da. Für erste Schritte, aber auch für weitere Denkanstöße. Ich kann und will hier nicht alles abdecken, denn Zero Waste ist ein Prozess, ein Spiel, eine Herausforderung. Wer klein und einfach anfängt, wird nach und nach gute Lösungen für sich finden. Dann seht ihr nicht das, was ich hier »vergessen« habe zu erwähnen, sondern seht eure persönlichen Fortschritte als Gewinn für euer Leben.

Einleitung

Wie Indien meine Welt veränderte

Sommer 2012. Wie so oft in diesen Wochen sitzen wir mal wieder im Bus. Wir lieben diese Fahrten, auch wenn wir halb taub, ziemlich durchgerüttelt und mit einer dicken Staubschicht auf der Haut nach Stunden in einer neuen Stadt ausgespuckt werden. Wir hören gemeinsam Hörspiele, sehen zu, wie sich die Landschaft, die Häuser, die Menschen verändern. Schlaglöcher, Reisfelder, handgemalte quietschbunte Werbeplakate und als Proviant die leckersten Teigtaschen, eingewickelt in indisches Zeitungspapier. Wir kommen mit anderen Fahrgästen ins Gespräch, die neugierig sind auf uns und unser Leben. Schreiben unsere Erlebnisse auf und hängen unseren Gedanken nach.

Wir wussten, dass Indien so ganz anders ist als unser sauberes, geordnetes und zuweilen etwas spießiges Deutschland. Aber ich hatte keine Ahnung, dass wir nicht nur in ein anderes Land fahren, sondern auch in eine andere Welt.

Nun also sind wir auf dem Weg nach Madurai im Süden des Landes. Wir sind noch keine zwei Wochen hier und haben schon so viel gesehen. In Madurai wollen wir den Tempel im Zentrum angucken. All die großen und kleinen Kostbarkeiten entdecken, die aufwendig und über Jahrzehnte in den schwarzen Tempelstein gemeißelt wurden. So durcheinander, chaotisch und laut sich Indien für uns anfühlt, so anders sind die hinduistischen Tempel. Leise, entspannt. Und sauber.

Im Bus vor uns sitzt eine indische Familie. Sehr gepflegt, der Mann mit blau gestreiftem Hemd, gestärktem Kragen und Golduhr am Handgelenk. Die Familie isst Mittagessen aus Plastikschälchen, dann packen alle ihren Abfall in eine Plastiktüte, der Mann knotet sie ordentlich zu und gibt dem Fahrer ein Zeichen. Der drosselt die Geschwindigkeit, fährt nah an den Straßenrand, und der Mann wirft den Beutel schwungvoll über das Brückengeländer aus dem Fenster. Etwa 30 Meter unter uns wird der Beutel in einen Fluss fallen. In mir steigt Wut auf. Wie kann er nur?! Doch was wir noch merken werden: Hier ist das normal.

Indien hat kein staatliches Müll-Management. In den besseren Wohngegenden wird der Müll abgeholt, wir entdecken Mülltonnen eines bekannten deutschen Herstellers. Doch sonst sind die Menschen auf sich gestellt, wissen nicht, wohin mit dem Müll. Selbst wenn eine flächendeckende öffentliche Entsorgung existierte, könnten sich viele Inder die Gebühren vermutlich nicht leisten. Ein paar private Initiativen gibt es, die sich um den Dreck kümmern, viele Slums haben zumindest Sammelstellen eingerichtet. Der große Rest landet im Straßengraben, wird in Gewässern abgeladen oder offen verbrannt.

Dabei ist in Indien wenig verpackt. Es gibt kaum Supermärkte, und die sind mit ihren Preisen eher für Besserverdiener oder Touristen gedacht. Wo also kommt der ganze Müll her?

Heute leben gut 1,3 Milliarden Menschen in Indien, dreieinhalbmal so viel wie in den 1950er-Jahren. Damals war Müll sicherlich auch schon ein Problem, doch seit es Plastik gibt, verrottet er nicht mehr einfach so.

Plastik

Anfang des 20. Jahrhunderts erfand ein belgischer Chemiker den ersten erdölbasierten Kunststoff. Und dieses Material ist bis heute auf ungebremstem Siegeszug. Wir leben im Plastik-Zeitalter.[1]

Was geht, wird durch Plastik ersetzt: Fenster sind aus Plastik, Fußböden, Teppiche. Wir putzen uns mit Plastik die Zähne. Und schmieren uns Plastik ins Gesicht. Wenn Frauen ihre Periode haben, legen sie sich eine Binde aus Plastik in den Schlüpfer. Unsere Kleidung ist aus Plastik, die Innenausstattung des Autos. Wir stellen unseren Kuchen in der Plastikform in den heißen Backofen und decken uns beim Schlafen mit Plastik zu. Wenn wir unseren Wocheneinkauf machen, tragen wir manchmal mehr Plastik als Essen in unsere Wohnung und dann zur Mülltonne. Das Kinderzimmer ist sowieso eine Fundgrube aus Plastik. Künstliche Hüftgelenke, Gartenmöbel, Computer. Die Liste lässt sich fast bis ins Unendliche fortführen.

Plastik ist ein leicht zu verarbeitendes Allroundmaterial. Es ist faszinierend, was heute alles möglich ist, eben weil es Plastik gibt. Dadurch aber und weil es so billig ist, verbrauchen wir viel zu viel davon, und die Langlebigkeit des Materials ist in Vergessenheit geraten.

Werfen wir einen Blick zurück. In den Fünfzigerjahren wandelte sich Deutschland zu einer Konsum- und Wegwerfgesellschaft. Die Strukturen für eine Müllwirtschaft waren in einigen Städten schon vorher geschaffen worden, und um den Abfallmassen des Wohlstands Herr zu werden, wurde eine flächendeckende Entsorgung eingeführt.

Auch die Eröffnung von Selbstbedienungsläden sorgte für einen Anstieg an Verpackungsmaterial, meist aus Plastik, und damit für neue Probleme.

Im Gegensatz zu Metall, Glas & Papier lässt sich Plastik schlecht recyceln.

Es gibt unendlich viele Sorten, die aufwendig sortiert werden müssen. Um es wiederverwenden zu können, muss Recyclingplastik meist mit neuem Kunststoffgranulat gemischt werden. Dadurch ist es schwierig, eine immer gleiche Qualität des Materials zu liefern, was besonders für Lebensmittelverpackungen hochproblematisch ist. Und teuer. Weshalb Produzenten meist lieber direkt auf frisches Kunststoffgranulat zurückgreifen.

Zudem gibt es weltweit nur einige wenige große Hersteller dieses Granulats, und niemand scheint genau zu wissen, was eigentlich drin ist. Rohbenzin, dem häufigsten Grundstoff für Plastik, wird ein Gemisch aus vielen verschiedenen Chemikalien zugefügt, um die gewünschten Eigenschaften zu erreichen. Einige dieser Inhaltsstoffe stehen in Verdacht, den Hormonhaushalt zu stören und Unfruchtbarkeit, Krebs und andere Erkrankungen zu begünstigen. Besonders Kinder sind häufig diesen schädlichen Stoffen ausgesetzt, obwohl gerade ihr Organismus im Wachstum besonders sensibel auf solche Störfaktoren reagiert. Mittlerweile hat man einige dieser schädlichen Stoffe identifiziert, wie zum Beispiel bestimmte Weichmacher, Bisphenol A, PVC und bromierte Flammschutzmittel. Doch es sind bei Weitem nicht alle Inhaltsstoffe bekannt, denn die Firmen berufen sich auf ihr Betriebsgeheimnis, um diese nicht preisgeben zu müssen. Selbst bei Verboten der oben genannten Chemikalien gibt es keine Sicherheit, dass Plastik nicht länger schädigend wirkt.[2]

Zurück aus Indien

Indien war aufregend, und ich habe viele Eindrücke, Erinnerungen und auch Fragen mit nach Hause genommen:

Wie viel Müll produzieren wir, und was passiert damit? Und was ist das mit diesem Plastik? Ich begann zu recherchieren.

Im Schnitt produziert jeder Deutsche 456 Kilo Müll jährlich, elfmal mehr als ein Inder![3] Und das ist nur der Müll am Ende. Schon die Produktion all unserer Konsumgüter verursacht riesige Müllberge.

Der Wohlstand in Indien wächst, die Folgen kann sich jeder selbst ausrechnen.

Immerhin recyceln wir. Wirklich? Nein. Zwar liegt in Deutschland die Recyclingquote offiziell sehr hoch. Doch wird dabei nur erfasst, wie viel Müll in die Recyclinganlagen kommt. Nicht aber, wie viel dort wieder aussortiert und anschließend doch verbrannt wird.[4]

Außerdem macht nicht nur die Entsorgung Müll, sondern viel mehr noch die Herstellung aller Dinge, die irgendwann bei uns in der Tonne landen.

Hat Indien wirklich ein Müllproblem? Eigentlich haben wir hier in Deutschland eins. Wir tun nur so, als gäbe es keins. Machen es unsichtbarer als Indien. Und schaffen alles, was wir nicht brauchen können, in andere Länder. Elektromüll nach Afrika. Hühnerteile, mit denen wir hier nichts anfangen können, ebenso.[5] Plastikmüll nach China.[6] Die Chinesen wollen den nicht mehr, er wird nun in andere Schwellenländer exportiert.

Das Thema Plastik nahm und nimmt mich immer mehr gefangen. Ich lese diese Zahlen. Ich schaue den Film *Plastic Planet*. Ich realisiere:

Wir kaufen mehr und mehr Einwegprodukte. Billigprodukte mit sehr geringer Nutzungsdauer. Plastikmesser für Grillpartys werden aus Erdöl gewonnen, einmal quer um den Globus gekarrt, zerbrechen beim Zersägen des armen Würstchens und landen schließlich in Massen im Müll, nachdem man sie kaum benutzt hat. Kaffee wird in Becher gefüllt, ausgetrunken, ab in den Müll, und dafür werden Abertausende Bäume gefällt, die uns doch eigentlich Luft zum Atmen geben sollen. Wir kaufen wegen der Verpackungen bei Lebensmitteln und anderen Waren oft viel mehr, als wir brauchen. Oder weniger und dadurch teurer. Diese ganzen Zusammenhänge sehe ich plötzlich vor mir und denke: Das will ich nicht. Aber wie soll ich es ändern?

Nach unserer Reise entdecke ich den Blog *Zero Waste Home* von Bea Johnson, die damals gerade seit zwei Jahren über ihr Zero-Waste-Leben schreibt.[7] Eine Amerikanerin aus Mill Valley, Kalifornien, Mutter von zwei kleinen Kindern, gerade dem Windelalter entwachsen. Die Familie produziert pro Jahr einen Liter nicht recycelbaren Abfall, und trotzdem führen sie kein typisches Aussteigerleben. Sie sind vom großen Vororthaus in ein kleines mitten in der Stadt gezogen. Haben ihren Freundeskreis behalten, gehen im Supermarkt einkaufen und auf Abenteuerurlaub. Ihre Räume sind nicht voll von selbst gebastelten Recycling-Objekten aus alten Kronkorken, Fotocollagen und sonstigem Klimbim. Die Familie lebt in einem offenen, minimalistischen Haus mit viel Raum zum Atmen. Viel Raum zum Spielen. Viel Raum zum Leben.

Das muss doch auch bei uns möglich sein!

Es klingt verlockend: nie wieder Verpackung, nie wieder Schrott kaufen, nie wieder tausend Dinge in der Wohnung lagern, die man nicht braucht.

Schwer ist aller Anfang

Weil uns besonders die Schädlichkeit von Plastik im Bewusstsein hängen bleibt, die schlechte Recyclingfähigkeit, die immense Umweltverschmutzung bei der Herstellung von Kunststoffen, ist es das Material, was wir als Erstes aus unserem Alltag verbannen wollen. Wir machen uns Gedanken.

Keine neuen Alltagsgegenstände wie Kochlöffel, Tupperdosen, Blumentöpfe oder Kinderspielzeug mehr aus Plastik zu kaufen ist eigentlich einfach, neu oder gebraucht gibt es genug Alternativen. Aber was ist mit Lebensmittelverpackungen?

Die nächsten Tage schleiche ich beim Einkaufen durch den Supermarkt und bin ratlos. Wie soll das jetzt gehen? Zum ersten Mal kommt mir die Verpackung der Lebensmittel wie ein abstraktes, gewaltsames Wegsperren vor. Ekeln wir uns vor unserem Essen? Ekeln sich die Lebensmittel vor uns? Warum ist uns die Schutzhülle der Banane anscheinend nicht gut genug, obwohl sie sich doch seit was weiß ich wie viel Jahrtausenden als sehr wirksam erwiesen hat? Warum müssen Kekse in Karton und Plastik und noch mal in kleine Portionsbeutelchen gepackt werden? Mich blendet die Beleuchtung im Supermarkt, die uns Frische suggerieren soll, Frische in diesen hermetisch abgeriegelten Verpackungen.

Zur gleichen Zeit merke ich, wie nutzlos diese ganzen Plastikbeutel für die Aufbewahrung im Vorratsschrank sind: Wir haben Motten. Mit jeder Tüte, die ich aus dem Schrank hole, offenbart sich das Grauen. Alles voll. Und ich muss einen kompletten Schrank voller Essen in den Müll schmeißen. So oder so ein blödes Erlebnis und zu einer Zeit, in der wir extrem aufs Geld achten müssen, doppelt blöd. Die neuen Lebensmittel bewahre ich deshalb in luftdicht verschließbaren Gläsern auf, damit uns das nicht noch mal passiert. Und stelle – mal wieder – fest, wie wahnsinnig unpraktisch diese

Plastikverpackungen aus dem Supermarkt für die Aufbewahrung zu Hause sind.

Unser Kochverhalten ändert sich gleich zu Anfang rasant in Richtung frische Lebensmittel. Wir probieren Gemüse aus, von denen ich noch nie gehört habe. Nachdem ich in Indien so gestaunt habe über die Vielfalt der Gemüse- und Obstsorten, lerne ich: Es gibt auch bei uns mehr als nur Zucchini, Tomaten und Paprika. Die saisonalen Bioprodukte aus der Region werden reif geerntet, schmecken aromatischer und liefern genau das, was der Körper zur entsprechenden Jahreszeit braucht. Und, verdammt, da ist plötzlich wieder der Apfel, der so megalecker schmeckt wie damals in meiner Kindheit!

Ich bin wild entschlossen, unser Leben umzukrempeln. Keine verpackten Sachen mehr. Nur noch das, was wir brauchen. *Simply Zero!* Ich will alles auf einmal.

»Guten Tag, wäre es wohl eventuell möglich, dass Sie mir den Käse in meine mitgebrachte Dose packen?«, frage ich die Supermarktverkäuferin. »Ähm ... nö, das geht nicht wegen der Hygiene.« – »Ach so, ja, dann ... Schade!« Wie bescheuert komme ich mir vor! Wie so ein kleines Schulmädchen, das all seinen Mut zusammengenommen hat und dann abgewiesen wird. Dabei will ich doch einfach nur selbst entscheiden, was ich am Ende des Tages mit in mein Zuhause schleppe und was nicht.

Nach dem ersten Reinfall begreife ich schnell, dass Fragen manchmal doch etwas kostet. Und es viel einfacher ist, so zu tun, als ob es das Normalste der Welt wäre, seine eigene Dose mitzubringen. Und siehe da: Es funktioniert. Auch wenn es etwas Überzeugungsarbeit bedeutet, bis sich die Verkäuferin traut, meinen Käse in der Mitte zu teilen, damit er in die Dose passt. »Ich esse ihn ja eh nicht am Stück«, sage ich, und ab dem Moment ist sie plötzlich entspannt.

Wir beginnen mit dem, was uns leichtfällt. Nach und nach

entdecken wir immer mehr Bereiche, die wir ändern können. Haben wir eine Herausforderung gemeistert, überlegen wir, woran wir als Nächstes drehen können. Damit wird es ein Spiel, macht Spaß und frustriert nicht so, als würden wir uns ständig sagen: »Wir müssen.« Wer sich zwingt, sein Leben zu ändern, wird höchstwahrscheinlich entweder frustriert, einsam, traurig, oder er scheitert und wirft die ganzen guten Vorsätze über Bord.

What the Zero?!

Ehrlich gesagt: Der Begriff Zero Waste ist so bezeichnend wie nervig. Ich hätte gerne einen deutschen Begriff, der diese Bewegung annähernd beschreibt, aber: Null Müll? Null Verschwendung? Nee, das klingt einfach nur ätzend. Das zieht runter. Die deutsche Sprache hat ganz fabelhafte Wörter hervorgebracht. Aber besonders klangvoll und motivierend ist das hier nicht.

Zero Waste ist für mich aber auch nicht perfekt, denn eigentlich ist das Ziel – die Null – niemals zu erreichen, und das sorgt schnell für Frustration. Eigentlich ist damit das Versagen vorprogrammiert. *Low Waste* wäre für mich richtiger. Aber was genau würde *low*, wenig, dann bedeuten? Es ist Auslegungssache, wohingegen Zero = 0 = Null ist, da ist nicht dran zu rütteln.

Zero Waste als Bezeichnung einer weltweiten Bewegung hat Bea Johnson geprägt, jene Bloggerin aus Kalifornien, der ich bei meinen ersten Müllrecherchen begegnete. Und es bedeutet nicht einfach, ohne Müll und Verschwendung zu leben.

Zero Waste ist eine Lebenseinstellung, die in ihrer Essenz ein Zeichen gegen verschwenderischen und kopflosen Konsum setzt. Die sich gegen eine Wegwerfmentalität stellt, eine Auslese trifft und Werte neu definiert. Eine Lebenseinstellung, die sich entfernt von unserem Einweg-, unserem Einbahnstraßendenken, hin zu Mehrweg und Mehrwert.

Oft erlebe ich in der Zero-Waste-Bewegung, dass der Aspekt, etwas gebraucht zu kaufen, unterschätzt wird und es zu sehr darum geht, Plastik durch andere, recycelbare Materialien zu ersetzen, selbst wenn der Plastikgegenstand noch einwandfrei ist.

Waste ist aber zum Großteil Müll, der schon entsteht, bevor die Sachen in unserem Regal landen. Die Produktion mit frischen Ressourcen, ob nun mit Erdöl für Plastik, mit Holz, Glas und selbst mit recycelten Materialien ist immer energiereicher und verschwenderischer, als etwas schon Vorhandenes zu nutzen.

Der Verpackungsmüll ist die Spitze des Eisbergs und dabei wunderbar plakativ, weil offensichtlich, täglich und oft, wenn auch nicht immer, unnötig.

Es geht jedoch nicht nur um den gegenständlichen Müll, der in der Tonne landet. *Waste* bedeutet eben nicht nur Abfall, sondern auch Verschwendung und erstreckt sich auf nahezu alle Bereiche des Lebens. So verschwenderisch und leichtfertig wir mit wertvollen Materialressourcen umgehen, so gehen wir oft auch mit unserer kostbaren Zeit um. Solange wir im Stress des Alltags gefangen sind und uns selbst unter Druck setzen, fehlt die Energie, uns auf etwas Neues und Ungewöhnliches einzulassen. Die Auseinandersetzung mit Zero Waste kann ein Bewusstsein dafür schaffen, einmal zu überprüfen, welche Dinge, Aktivitäten und auch Menschen uns wirklich wichtig sind. Was wir vielleicht nur machen, weil wir das Gefühl haben, wer auch immer erwarte es von uns. So haben wir uns zum Beispiel eine Zeit lang immer wieder mit einer Familie getroffen, die wir superanstrengend fanden. Einfach, weil sie so hartnäckig den Kontakt gesucht haben. Irgendwann haben wir uns entschieden, unsere Zeit mit den Freunden zu verbringen, die wir wirklich mögen. Was genau diese Einstellung bedeutet, definiert jeder für sich und seine Familie selbst, denn nur wenn es die ganz eigene Entscheidung ist und man für sich die positiven Aspekte herausfindet, wird Zero Waste langfristig und nachhaltig das eigene Leben verändern, statt lediglich ein kurzes Experiment zu sein.

Bei aller Null finde ich es wichtig zu entscheiden, worauf wir unseren Fokus setzen. Am erfolgreichsten ist es meiner Erfahrung nach, mit dem zu beginnen, was leichtfällt. Oft können wir schon mit 20 Prozent Einsatz 80 Prozent Erfolg haben, wenn wir uns auf die richtigen Punkte fokussieren. Mit dem Auto durch die halbe Stadt fahren, um beim Unverpacktladen einkaufen zu können? Oder besser ab sofort die verpackungsarme Gemüsekiste vom Bauern bestellen und die Nudeln trotzdem im Supermarkt kaufen? Alles aus Plastik aussortieren und durch teuren Edelstahl und teures Holz ersetzen? Oder die alten Sachen noch benutzen, solange sie ihren Zweck erfüllen? Sie erst am Ende ihrer Lebensdauer durch eine langlebige Variante ersetzen, die es vielleicht dann auch in den Kleinanzeigen oder auf dem Flohmarkt zu holen gibt? Für die sich anhäufenden Sachen ein größeres Haus bauen, am Stadtrand, und dann mit dem Auto jeden Tag den längeren Weg zur Arbeit fahren? Oder in der kleineren Wohnung bleiben, die Sachen rausschmeißen, die man nicht braucht, ein paar vernünftige Einbauschränke organisieren und sich den Zweitwagen sparen? Die Antworten auf diese und ähnliche Fragen muss jeder für sich selbst finden. Hilfreich dabei ist ein Blick auf die fünf »R«.

Refuse, Reduce, Reuse, Recycle, Rot

Die fünf »R«, die Bea Johnson als Leitlinie für Zero Waste definiert hat,[8] finde ich sehr hilfreich, um sich zu orientieren und für sich und seine Familie zu fragen: Was können wir sofort umsetzen? Was gehen wir mittelfristig an? Woran wagen wir uns, wenn wir die einfachen Änderungen schon verinnerlicht haben? Und was ist für uns die ganz große Herausforderung, die wir vielleicht irgendwann oder gar niemals umsetzen können?

Es gibt so viel, was nichts mit »Lebensmittel unverpackt einkaufen« zu tun hat, wodurch wir Geld, Zeit und Arbeit sparen und bei dem wir uns ordentlich auf die Schulter klopfen können, weil es superduper zerowastemäßig ist.

Refuse
Ablehnen // Zurückgeben

Schon mal darauf geachtet, was so alles mit nach Hause kommt? Wie oft es an der Supermarktkasse noch irgendeine Kleinigkeit dazugibt? Oder wie andere Leute, die selbst aussortieren, uns etwas anbieten, das wir dann plötzlich an der Backe haben?

Ablehnen ist manchmal der schwierigste, aber auch der wichtigste Part, um Zero Waste zu leben. Mit Kindern wird es nicht gerade einfacher. Und das deutsche Wort »ablehnen« klingt leider auch nicht gerade höflich.

Wollen wir andere nicht enttäuschen oder vor den Kopf

stoßen, ist es wichtig, beim Ablehnen milde zu bleiben. Es ist einfacher und besser, sich für etwas zu bedanken und es dann zurückzugeben. »Danke, das haben wir schon. Danke, das brauchen wir nicht. Danke, das ist sehr nett, behalten Sie es ruhig.«

Jahrelang haben wir es nicht anders gemacht als die meisten: Wir haben ungefragt Geschenke verteilt und welche angenommen. Nur weil wir plötzlich etwas völlig Neues ausprobieren, heißt das ja nichts für den Rest der Leute in unserem Umfeld. Dabei kann vieles ganz einfach gehen:

Eine Visitenkarte kann mit dem Smartphone fotografiert und mit den Worten zurückgegeben werden: »Vielen Dank, so kann ich Ihre Kontaktdaten garantiert nicht verlieren.«

Wird der Käse am Käsestand doch mal in Papier gewickelt, ist es einfach Gewohnheit und keine böse Absicht. Ich lache und drohe der Käsefrau scherzhaft an, beim nächsten Mal schneller Bescheid zu geben, dass sie den Käse nicht einwickeln soll.

Freundlichkeit lässt unser Gegenüber eine Begegnung mit uns in guter Erinnerung behalten. Wir stechen damit positiv oder auch eigenartig aus der Masse hervor, werden beim nächsten Mal oft schon wiedererkannt, und egal, wie merkwürdig andere unser Verhalten finden, werden sie offener auf unsere Wünsche reagieren, als wenn wir garstig, genervt oder belehrend sind.

Reduce
Reduzieren // Vereinfachen

Reduziere, was du hast. Alles in den Müll zu schmeißen macht natürlich keinen Sinn. Ebenso wenig macht es Sinn, alles aufzuheben, selbst wenn wir es nicht nutzen.

Was wir besitzen, kostet Zeit, Geld und Platz. Wir brauchen Schränke, Regale und Wohnraum. Ein Großteil der Garagen wird als Lagerraum genutzt, die Autos belegen knappen Parkraum in der Stadt.

Dabei gibt es genug Dinge, die wir nie benutzen oder die wir vielleicht zweimal im Jahr brauchen und uns dann genauso gut bei jemandem leihen können. Oder aber wir benutzen etwas nur, weil wir es schon so lange nicht mehr benutzt haben. Wenn unsere Schränke voll sind, verbringen wir Zeit mit Suchen, wir müssen Dinge aus dem Schrank räumen, um an etwas anderes ranzukommen, und dann alles wieder einräumen. Wir müssen abstauben, putzen, aufräumen.

Was wir weitergeben, wird wieder zur Ressource, die andere nutzen können. Es gibt so viel Zeug auf dieser Welt. Würden wir heute aufhören, Neues zu produzieren, wäre trotzdem genug für alle da.

Wer weniger Auswahl hat, entscheidet sich leichter. In einer ständig konsumierenden Gesellschaft, in einer Welt des Überflusses, können wir unser Leben durch Vereinfachung bereichern:

→ Für ein leckeres frisches Essen braucht es oft nur wenige Zutaten.
→ Ein Schrank mit wenigen Lieblingssachen macht die Entscheidung fürs perfekte Outfit leichter und schneller.
→ Für Kinder ist es einfacher, sich auf eine Tätigkeit zu konzentrieren, wenn die Auswahl an Spielzeug und Beschäftigungsmaterial sie nicht überfordert.

Reuse
Wiederverwenden // Teilen // Reparieren

Wiederverwenden. Um Abfall gar nicht erst entstehen zu lassen, können wir uns für Mehrwegprodukte entscheiden. Zum Beispiel beim Picknick: Servietten, Geschirr. Statt Plastikbesteck, das wir jedes Mal kaufen müssen, einfach unser normales Besteck einpacken. Damit lässt sich das Steak vom Grill auch besser schneiden. Wir können Marmeladengläser beim Picknick für unsere Getränke benutzen und verhindern mit dem Deckel, dass Wespen in den Wein fliegen oder das Getränk ausläuft.

Teilen. Die Magazine und Tageszeitungen, wenn wir sie nicht digital lesen. Die Eismaschine, Kleidung, Rasenmäher …

Reparieren. Wenn wir auf die Reparierbarkeit von Gebrauchsgegenständen achten, dann müssen sie nicht im Müll landen. Es gibt in vielen Städten offene Werkstätten und Repaircafés, wo man sich mit anderen treffen und beim Reparieren helfen kann. Wer etwas nicht selbst reparieren kann oder will, hat immer noch die Möglichkeit, eine Kleinanzeige aufzugeben und es zu verschenken.

Recycle
Wiederaufbereiten // Im Kreislauf halten

Gibt es keine Mehrwegvariante, ist das gute, alte Recycling die beste Wahl. Die Deutschen gehören zu den Recycling-Weltmeistern. Wir fühlen uns oft schon wie die supernachhaltigen Weltretter, wenn wir artig den Müll trennen.

Allerdings sieht das in den Großstädten teilweise ziemlich bitter aus. Ich habe es in den letzten zehn Jahren in keinem meiner Wohnviertel und Städte erlebt, dass dafür eine besondere Leidenschaft gehegt wurde. Der meiste Müll landete in der Restmülltonne, direkt danach folgte die gelbe Tonne.

Dabei ist Recyceln mit die einfachste Möglichkeit, Abfall noch einen Zweck zu geben. Es kostet uns wirklich nichts, im Gegenteil: Je besser wir trennen, desto weniger landet im Restmüll, desto kleiner kann die Restmülltonne sein und desto geringer die Müllgebühren.

Rot
Verrotten // Kompostieren

Biomüll ist vorbildliche Kreislaufwirtschaft und der beste Abfall, den es gibt. Was wir nicht verwertet haben, wird zu nahrhafter Komposterde, aus der wieder neue Lebensmittel wachsen können.

2016 hat die EU eine Nutzungspflicht für Biotonnen eingeführt. Bisher allerdings, soweit ich das beurteilen kann, ohne nennenswerte Effekte. In unserer alten Heimat Köln waren meine Versuche, die Hausverwaltung für eine Biotonne zu erwärmen, vergebens. Sie war der Meinung, die Mieter würden dort auch anderen Müll reinwerfen, und leider war diese Befürchtung sehr nachvollziehbar.

Mittlerweile haben wir eine Biotonne und werden uns langfristig einen Kompost bauen. In Köln hatte ich eine Biotonne beim Nachbarhaus entdeckt, die wir netterweise mitbenutzen durften.

Mit diesen fünf »R« kann man den eigenen Müll schon deutlich reduzieren und einen Beitrag dazu leisten, dass das Müllproblem nicht so rasant weiter wächst.

Tipps zum Anfangen

1. Mehrweg statt Einweg
Bei allem, was wir regelmäßig nutzen, was einfach zu ersetzen ist oder eine gute Energiebilanz hat wie zum Beispiel die Standard-Joghurtgläser und -Milchflaschen aus Glas, auf Pfandgläser und langlebige Varianten setzen.

2. Alles aufessen
Lebensmittel können auch nach Ablauf des Mindesthaltbarkeitsdatums verzehrt werden, selbst Joghurt oder Milch. Es gibt tolle Resterezepte (Seite 53), und übrig gebliebene Speisen sind super fürs Mittagessen im Büro, zum Einfrieren oder auch mal für die Nachbarn.

3. Kreativ sein
Statt für jeden Zweck ein spezielles Produkt anzuschaffen, einfach mal überlegen, ob sich etwas dafür nutzen lässt, was schon vorhanden ist. Ein Halstuch wird geknotet zum Einkaufsbeutel, wenn man seine Tasche vergessen hat. Ein Marmeladenglas mit Stoffserviette kann als Coffee-to-go-Becher genutzt werden, der Wäschebeutel als Gemüsenetz, und vertrocknete Blüten machen die recycelte Geschenkverpackung zu etwas liebevoll Besonderem.

4. Ausleihen
Ob bei den Nachbarn, Freunden oder auf Leihplattformen im Internet. So lässt sich viel Geld sparen, wir knüpfen neue Kontakte. Und wir müssen nicht die Verpackung entsorgen …

5. Augen auf
Die Lösung liegt so oft genau vor uns. An den Zweigen, die das Grünflächenamt im Park geschnitten hat, sind schon die ersten Knospen zu sehen? Ab damit in die Vase zu Hause. Essensreste im Restaurant? Nach einem leeren Twist-off-Glas aus der Küche fragen und einpacken.

Noch mehr Tipps

Materialien
Anhand der Erfahrung der letzten Jahre bin ich zu dem Schluss gekommen, dass recycelte Materialien immer die bessere Bilanz haben.

Auch wenn Plastik durchaus fragwürdige Inhaltsstoffe hat und aus nicht nachwachsenden Rohstoffen besteht, sind andere Materialien nicht zwangsläufig umweltfreundlicher. Oftmals sind Herstellung und Transport noch energieintensiver. Vorteile sind die bessere und längere Verwertbarkeit und häufig auch bessere Möglichkeiten der Reparatur.

Deshalb sollte, wann immer möglich, zu einer Variante aus Recyclingmaterial gegriffen werden.

Einweg – Mehrweg
Je konsequenter und beständiger Mehrweg benutzt wird, desto besser ist dessen Bilanz.

Wenn wir mit dem Auto längere Wege fahren müssen, als

wir es sonst tun würden, nur damit wir den Joghurt und die Milch im Glas kaufen können, macht es meist keinen Sinn.

Wenn wir aber nun von unserem täglichen zum wöchentlichen Einkauf wechseln und dafür ein paar Meter weiter fahren, dann sparen wir wieder Zeit (weil wir nur einmal fahren, parken, durch den Supermarkt laufen und an der Kasse stehen) und Geld (weil wir nur einmal fahren, parken, den Supermarktangeboten widerstehen müssen und besser planen).

Gerade bei Mehrweg-Glasflaschen wie für Bier, Milch oder Wasser sollte nach Möglichkeit das Standard-Mehrwegglas gewählt werden. Bei Bier und Wasser wechseln immer mehr Hersteller auf individuelle Mehrwegflaschen. Diese müssen dann aufwendig sortiert und quer durch die Republik zum Abfüller gefahren werden, was bei dem hohen Gewicht ganz und gar nicht ökologisch ist.

Coffee-to-go-Becher, Stoffbeutel, Rasierer, Windeln usw. verbrauchen als Mehrwegprodukt in der Herstellung erst mal mehr Ressourcen und Energie als die Einwegvariante.

Kaufen wir Mehrweg, wenn möglich, gebraucht, sparen wir wieder Geld und haben noch mal eine bessere Energie- und Ressourcenbilanz.

Auf jeden Fall ist es sinnvoll, nach und nach Dinge zu ersetzen oder vielleicht auch zu leihen, um zu sehen, ob wir sie dann wirklich und regelmäßig benutzen.

Am meisten lohnt sich Mehrweg bei all den Produkten, die täglich verwendet werden, schon vorhanden sind oder gebraucht gekauft werden können. Stoffservietten oder auch Taschentücher zum Beispiel gibt es in den Kleinanzeigen oder auf dem Flohmarkt für kleines Geld, und sie benötigen nicht viel Platz in der Waschmaschine. Als Essensbehälter kann das ehemalige Gurken- oder Marmeladenglas dienen, das einfach in der Spülmaschine mitgewaschen wird, und Besteck für unterwegs liegt ja eigentlich schon in der Besteckschublade.

Bio-Plastik

Es ist verlockend, Bioplastik als die Lösung des Problems zu verkaufen. Am häufigsten handelt es sich bei Bioplastik um sogenannte Polymilchsäure (PLA), die in einem chemischen Prozess aus Maisstärke, Zuckerrohr oder Zuckerrüben industriell hergestellt wird.[9] Aus zweierlei Gründen ist Bioplastik aber zurzeit noch problematisch:

1. Genauso wie für Bio-Sprit werden große landwirtschaftliche Flächen mit Futterpflanzen für den Rohstoffanbau benötigt. Für diese Flächen fällt vorhandener Acker für die Lebensmittelproduktion weg, es werden Wälder gerodet, wertvoller Lebensraum für Tiere und Menschen wird vernichtet.
2. Unsere Recyclinganlagen können Bioplastik noch nicht recyceln. In den Kompostierungsanlagen sind die Voraussetzungen nicht gegeben, dass sich Bioplastik wirklich zersetzt, weshalb es am Anfang des Prozesses direkt aussortiert und verbrannt wird.

Zusammengefasst heißt das: Es werden auf großen landwirtschaftlichen Flächen Pflanzen angebaut für ein Verpackungsprodukt, das am Ende verbrannt wird. Provokant gesagt: Hier wird Essen direkt in die Tonne gekloppt.

Die Idee hinter Bioplastik war und ist prima, und wenn die Voraussetzungen gegeben sind, dass sich das Material wirklich recyceln lässt, ist es ein gutes Produkt. Aber nur für die Dinge, bei denen sich die Verpackung nicht ersetzen lässt. Aktuell finde ich, dass es keine Alternative ist.

Papier

Weltweit wird einer von fünf gefällten Bäumen zu Papier verarbeitet. Im großen Stil wird Urwald vernichtet, und gigantische Landstriche wandeln sich mehr und mehr von Naturwäldern zu Forstwald-Monokulturen. Dieses Problem betrifft nicht nur die tropischen Regionen, sondern sämtliche bewaldeten Klimazonen.[10] Vor allem größere Tiere verlieren dadurch ihren Lebensraum, und die neu gepflanzten Bäume können durch die vergleichsweise kurze Lebensdauer nicht annähernd so viel CO_2 speichern.

Recyclingpapier hingegen kann komplett aus Altpapier hergestellt werden. Es benötigt halb so viel Ausgangsmaterial, 60 Prozent weniger Energie und bis zu 70 Prozent weniger Wasser als Frischfaserpapier, verursacht weniger CO_2, verringert Abfälle. Der Chemikalieneinsatz ist deutlich niedriger, bei sogenanntem Umweltpapier wird ganz darauf verzichtet.

Mein Mann hat mal vor vielen Jahren zu mir gesagt, dass es schon ziemlich arrogant sei, extra Bäume fällen zu lassen, damit man sich mit »frischem« Papier den Hintern abwischen kann. Recyceltes Klopapier ist wohl das Mindeste, was ich für meine und die Zukunft meiner Kinder tun kann. Es ist günstiger, ich bekomme es überall, und es gibt einfach keinen Grund, es nicht zu benutzen, außer man hat ein gutes Bidet.

Die Einkaufstüte aus Recyclingpapier ist in ihrer Energiebilanz übrigens schlechter als die Plastiktüte oder der langjährig genutzte Stoffbeutel, weil sie sich lange nicht so häufig verwenden lässt und oft schon beim ersten Einsatz kaputt geht.

Glas

Glas verbraucht relativ viel Energie in der Produktion, hat aber eine sehr gute Recyclingbilanz. Das Material gibt im Gegensatz zu einigen Plastiksorten[11] keinerlei Stoffe an den Inhalt ab und ist für flüssige Lebensmittel die sicherere Lösung. Glas eignet sich auch zum Einfrieren – die Füllmenge sollte dabei nicht zu hoch sein, da Wasser sich ausdehnt und das Glas dann platzen kann.

Aluminium

Als Neumaterial eines der umweltschädlichsten überhaupt, ist Aluminium fürs Recycling top. Für Lebensmittel ist es allerdings mit Vorsicht zu genießen, denn es wird in Teilen an den Inhalt abgegeben. Besonders Salz und Säuren lösen Alu auf – der beste Grund, keine Alufolie mehr zum Backen, Grillen und Aufbewahren zu benutzen.[12]

Plastik

Manchmal ist Plastik dann doch die beste Lösung. Durch die unterschiedliche Zusammensetzung des Materials und dadurch, dass längst nicht alle Inhaltsstoffe bekannt und erforscht sind, würde ich besonders bei flüssigen Lebensmitteln darauf verzichten, da hier am ehesten Stoffe auf den Inhalt übergehen können.

Bei Waschmittel zum Beispiel verwenden wir große Kanister aus Polyethylen (PE – Recyclingcode 02 & 04) und Polypropylen (PP – 05).[13] Beides ist relativ unbedenklich und lässt sich gut recyceln.

Möglichst vermieden werden sollten folgende Kunststoffe, da sie schlecht recycelbar sind und schädliche Stoffe abgeben:
→ Polyvinylchlorid (PVC – 03)
→ Polystyrol (PS – 06)
→ Polyurethan (PU)
→ Polycarbonat (PC)
→ Polyethylenterephthalat (PET – 01) – Ausnahmen machen wir bei recyceltem PET, welches nicht für Lebensmittel verwendet wird oder nicht direkt mit der Haut in Kontakt kommt.

Zero Money – Zero Waste?

Die Zeit, die ich nie wieder erleben will, ist jene, in der ich für einige Wochen ALG II beantragen musste. Sich bis auf die Unterwäsche vor einer staatlichen Behörde nackig zu machen, sich in sämtliche Kontovorgänge und Lebensumstände reinschauen und reinreden zu lassen, war ein ziemlich mieses Gefühl – was sicher auch der Sinn der Sache ist, denn: Ich war froh, als ich aus der Nummer wieder rauskonnte.

In dieser Zeit, in der wir höchst offiziell sehr wenig Geld hatten, begannen wir mit Zero Waste. Wir kauften nicht mehr beim Discounter, sondern auf dem Markt, mal Bio, mal nicht. Wir suchten nach Alternativen zu unseren bisher »notwendigen« Drogerieartikeln. Und stellten schnell fest, dass wir Geld sparten, wenn wir auf dem Wochenmarkt saisonale Lebensmittel einkauften. Weil dort nicht die Verpackung, sondern das Produkt für sich spricht. Weil dort die wirklichen Dinge des täglichen Bedarfs angeboten werden und nicht noch tausend Kleinigkeiten drum herum. Denn aus dem Supermarkt nur mit den Dingen rauszugehen, die auf dem Einkaufszettel stehen, erfordert extreme Disziplin. Es gibt immer hier ein Angebot, da was Interessantes, und am Ende liegt garantiert mehr im Einkaufswagen, als wir wirklich brauchen.

Und was Drogerieartikel betrifft: Nichts wird so überbewertet. Eine Bekannte, gerade Mutter geworden, sagte mal: »Wenn man ein Baby hat, muss man jeden zweiten Tag zu dm.« Zero Waste macht das überflüssig. Heute gehe ich alle paar Wochen in die Drogerie, kaufe Recyclingtoilettenpapier, eine Flasche Haushaltsessig und ein Päckchen Spülmaschinentabs. Früher habe ich im Monat mindestens 60 Euro dort gelassen, ohne Kinder. Verzichte ich deshalb? Nein. Ich habe nur festgestellt, dass die ganzen Produkte, die ich früher zu brauchen glaubte, mich weder schöner noch reiner, noch zufriedener gemacht haben. Ich gehe sogar so weit zu sagen: im Gegenteil. Vieles nahm ich höchstens einmal pro Woche in die Hand.

Alles, was wir sonst noch so kaufen, kostet nicht nur beim Kauf Geld, sondern auch danach. Und mehr Zeit, mehr Platz und damit wieder mehr Geld.
- Mehr Putzmittel, um es sauber zu halten
- Mehr Zeit fürs Putzen
- Mehr Strom, den der Staubsauger frisst
- Mehr Möbel, die wir kaufen müssen, um das Zeug unterzubringen
- Mehr Zeit fürs Aufräumen
- Mehr Zeit fürs Suchen, Ausräumen, Wegräumen
- Mehr Wohnfläche oder Stauraum. Mehr Wohnfläche = mehr zu putzen
- Mehr Zeug = mehr Geld, das wir beim Kauf ausgegeben haben
- Mehr Zeug = höhere Folgekosten

Je mehr wir in unseren Wohnungen haben, desto schwieriger ist es, den Überblick zu behalten und für jedes Teil einen festen Platz zu finden. Dieser feste Platz aber sorgt dafür, dass wir zum einen beim Aufräumen viel schneller sind und zum anderen weniger doppelt kaufen.

Aus diesem Grund sollten wir auch um Schnäppchen einen großen Bogen machen, wenn genau der Artikel nicht zufällig auf unserem Einkaufszettel steht oder wir das Produkt im Alltag so häufig benutzen, dass sich ein Hamsterkauf lohnt, wie zum Beispiel Öl, Essig oder die Großpackung Spülmittel.

Ich war ein absoluter Spezi darin, Sachen zu kaufen, weil sie so billig waren, obwohl von vornherein zu sehen war, dass sie nicht lange halten würden. Oder ständig irgendwo Notizbücher zu kaufen, die ich nun bei jedem Umzug wieder ein- und auspacke.

Früher habe ich »diese drei Paar Schuhe« gekauft, weil sie schön waren und günstig. Und wie oft habe ich sie getragen? Heute kaufe ich ein Paar Schuhe, wenn ich mir sicher bin, sie regelmäßig zu tragen, und wenn sie reparierbar sind. Dann relativiert sich der höhere Preis schnell, und meine Füße bleiben lange gesund. Bei billigen Schuhen oder welchen, die nicht hundertprozentig passen, ist das eher nicht der Fall.

Ich finde es wichtig, dass jeder selbst für sich entscheidet, was er sich leisten kann und was nicht. Meine wichtigste Erkenntnis auf unserer Reise Richtung Zero Waste war die, dass ich meine Kaufentscheidungen selbst treffen kann, wenn ich gelernt habe, sie vorher zu hinterfragen und nicht dem ersten und meistens fremdgesteuerten Kaufimpuls nachzugeben.

Mittlerweile habe ich eine Einkaufs-/Wunschliste auf meinem Smartphone. Wenn ich etwas sehe, was ich gerne haben möchte, oder etwas brauche, trage ich es ein. Manches steht dort bis zum nächsten Einkauf, manches ein paar Wochen, manches seit Jahren. Viele Dinge kann ich wieder von der Liste streichen. Und das, was stehen bleibt, ist manchmal genau das Richtige, um es sich von einem netten Menschen zum Geburtstag zu wünschen.

Wenn es erst mal Klick gemacht hat und die Spirale durchbrochen ist, wir also nur noch Dinge kaufen, die wir brauchen, die uns glücklich machen und die einen langen Lebenszyklus haben, können wir durch Zero Waste so viel Geld sparen, dass es oft kein Problem ist, für Dinge wie zum Beispiel frische, unverarbeitete Lebensmittel mehr Geld als früher auszugeben. Mit der ganzen Familie in den Kletterwald zu gehen, ins Kino oder etwas länger in Urlaub zu fahren.

Minimalismus

Viele, die Zero Waste leben, haben den Minimalismus für sich entdeckt.

Wenn ich mir unsere Entwicklung ansehe, gehören wir irgendwie auch dazu. Viel hängt mit den von mir beschriebenen Faktoren »Mehr Zeit, mehr Geld, mehr Platz« zusammen. Es passiert einfach, weil es Zero Waste vereinfacht. Sicher fühlt sich nicht jeder damit wohl, aber Minimalismus heißt auch nicht zwangsläufig, nur noch mit hundert Dingen zu leben. Davon sind wir weit entfernt – doch im Vergleich zu unserem früheren Selbst ist der Ballast an Kram, den wir – zumal mit zwei kleinen Kindern – haben, schon sehr viel weniger. Bei unserem letzten Umzug 2017 passte all unser Hab und Gut in einen 3,5-t-Kastenwagen. Zwar haben wir einige Möbel den Nachmietern überlassen, Sofa und Küche verkauft, aber zu viert sind wir auf 50 Umzugskartons gekommen, inklusive unseres Büros.

Für uns ist es wichtig, uns mit dem zu umgeben, das uns glücklich macht oder irgendwie nützlich ist. Wenn ich unsicher bin, etwas wirklich zu nutzen, notiere ich das aktuelle Datum darauf. Wenn ich es nach sechs Monaten immer noch nicht gebraucht habe, kommt es in der Regel weg. Ausnahmen sind unser Fonduetopf, eine Handvoll Plätzchenformen (die die Kinder so lieben) und unsere Arbeitsmaterialien/Bücher, von denen wir aber auch etliches aussortiert haben.

Der Großteil der Sachen wird nicht fehlen, und falls es doch einmal vorkommt, kann es in der Regel ersetzt werden.

Ausnahmen

Während ich gerade an diesem Kapitel über unser Zero-Waste-Leben sitze, kommt mein Mann herein und reicht mir ein Zellophantütchen mit einem einzigen Macaron drin. Er war gerade bei *Amandine*, einer kleinen Patisserie im französischen Senones. Tatsächlich einer der Läden, bei denen wir einerseits am besten unverpackt einkaufen können – sie stellen Pralinen, kleine Törtchen, Brot und Eis selbst her – und andererseits wohl die meistens Ausnahmen machen, weil wir zufällig noch eine Kleinigkeit geschenkt bekommen und einfach nicht Nein sagen können …

Ich glaube, das macht unser erfolgreiches Leben mit Zero Waste aus. Wenn es sich lohnt, machen wir Ausnahmen. Unsere Kinder lassen wir meist selbst entscheiden, ob sie kleine Geschenke annehmen oder nicht. An diese Option erinnern wir sie immer mal wieder. Dass es okay ist, Angebote auch freundlich auszuschlagen. Die Option wird von ihnen übrigens besonders gerne bei kleinen, billigen Kuscheltieren genutzt.

Küche & Essen

Mein Lieblingsthema: Essen. Als Orlando und ich noch eine Fernbeziehung zwischen Stuttgart und Hamburg führten, telefonierten wir oft stundenlang, um einfach nur übers Essen zu reden. Und wenn wir uns sahen, haben wir gemeinsam gekocht. Damals noch so, wie man als Studenten eben kocht. Irgendwann wurde es aufwendiger.

Unsere zwei Jungs helfen gerne mit beim Kochen, aber die Gerichte sind inzwischen wieder etwas einfacher geworden. Manchmal muss es im Alltag eben schnell gehen.

Wir machen viel selbst, es schmeckt so viel besser. Und das Obst und Gemüse, dass wir mittlerweile kaufen (können), ist so viel aromatischer als das standardmäßige Supermarktgemüse, dass wir es puristisch lieber mögen, als wenn das Endergebnis das Ausgangsprodukt nicht mehr erkennen lässt.

Einkaufen

Wir halten unsere Vorräte im Blick, erstellen eine Langzeit-Einkaufsliste an Lebensmitteln, die wir im Unverpacktladen kaufen möchten oder machen eine Sammelbestellung von Großpackungen für Produkte, die wir viel und regelmäßig verbrauchen. Wenn es passt.

Für den Wocheneinkauf gehen wir, abhängig davon, was wir jeweils brauchen, in wechselnde Geschäfte. Bei unserem straffen Wochenprogramm und mit Kindern wähle ich die entspannteste Variante. Für uns gibt es nicht den perfekten Laden. Wollte ich das Optimum an Verpackungsfreiheit, müsste ich pro Einkauf in drei bis vier Geschäften in unterschiedlichen Stadtteilen einkaufen. Funktioniert nicht.

Fehlt uns die Zeit zum Einkaufen, oder haben wir einfach andere Verabredungen, die uns wichtiger sind, nutzen wir verpackungsarme Lieferdienste. Diese Alternativen gibt es fast überall, zum Beispiel Gemüsekisten, die Erzeugnisse von regionalen Betrieben an festen Tagen ausliefern. Seit kurzem sind wir auch Mitglieder in einer Einkaufskooperative, dort wird wöchentlich frisches Obst und Gemüse aus der Region angeliefert, Mehl und Haferflocken kann man sich aus 25-kg-Säcken abfüllen und das Lager ist für Mitglieder 24/7 zugänglich.

Wir haben uns ein paar Basics angeschafft, um beim Einkaufen Müll einzusparen und die Sachen zu Hause besser lagern zu können. Manches habe ich aus alten Bettlaken selbst genäht. Es gibt alternativ mittlerweile einige Anbieter von Baumwollnetzen und -beuteln für den Einkauf von Lebensmitteln. Eine unserer Käse- und Brotdosen ist übrigens noch aus meiner Schulzeit.

Equipment zum Einkaufen, für unterwegs & zu Hause
- → Obst- und Gemüsebeutel: Baumwollnetze oder Wäschesäcke eignen sich gut, weil an der Supermarktkasse der Inhalt sichtbar ist.
- → Stoffbeutel: Für trockene Lebensmittel oder schmutziges/nasses Gemüse. Zum Einkaufen und Aufbewahren von Lebensmitteln im Kühlschrank. Unsere Beutel sind aus alten Bettlaken, oder einfache Jutebeutel. Es gibt sie aber auch fertig zu kaufen. Salate und auch Kräuter sind im Stoffbeutel noch nach einer Woche frisch und knackig. Waschen, im Beutel trocken schleudern und anschließend im Kühlschrank lagern.

→ Edelstahldosen: Wir nutzen sie für Käse, Backwaren etc. Außerdem super für Pommes unterwegs.
→ Gläser für flüssige Lebensmittel und Gewürze: Fürs Einkaufen im Unverpacktladen, zum Aufbewahren und für ein Getränk unterwegs.
→ Coffee-to-go-Becher: Orlando hat eine kleine isolierte Edelstahlflasche. Ich trinke meist nur morgens im Bett eine Tasse Kaffee.
→ Stoffservietten: Habe ich eigentlich immer in meiner Tasche, falls ich mal spontan etwas kaufen will oder um klebrige Finger zu säubern. Sie lassen sich mit der japanischen Wickeltechnik Furoshiki zu einem kleinen Transportbeutel mit Tragegriff umfunktionieren.
→ Strohhalme aus Glas, Edelstahl oder Bambus: Nehmen wir manchmal mit auf Feste, wenn die Kinder dabei sind. Ich brauche das nicht.
→ Rouladenspieße aus Edelstahl: Ich mache zwar nie Rouladen, aber sie eignen sich super für Fingerfood oder Grillspieße.
→ Küchenrolle: Haben wir einfach aufgehört zu benutzen. Schmutz wird mit einem feuchten Lappen weggewischt, Flüssigkeiten mit einer Stoffserviette oder Geschirrhandtuch. Einfach ausprobieren und die Küchenrolle weglassen. Wer das gar nicht schafft: Es gibt Rollen aus waschbaren Bambusfasern.

Hygiene beim Einkaufen

Immer wieder und als liebstes Argument der Gegner von müllreduziertem Einkaufen wird angeführt, dass eigene Lebensmittelbehälter und unverpackte Lebensmittel unhygienisch sind. Ich stimme grundsätzlich zu, dass jeder sorgsam und verantwortungsbewusst mit verderblichen Produkten umgehen sollte.

Jedoch hat das Sicherheitsbedürfnis der letzten Jahre zu teilweise absurden Vorschriften und Auslegungen geführt.

§ 3 der Lebensmittel-Hygieneverordnung besagt: »Lebensmittel dürfen nur so hergestellt, behandelt oder in den Verkehr gebracht werden, dass sie bei Beachtung der im Verkehr erforderlichen Sorgfalt der Gefahr einer nachteiligen Beeinflussung nicht ausgesetzt sind.«[14]

Wie streng diese Vorschrift ausgelegt wird, muss im Prinzip jedes Unternehmen selbst entscheiden, denn es trägt letztlich die Verantwortung. Ebenso entscheiden wiederum die jeweiligen Lebensmittelkontrolleure, wie streng sie damit umgehen. Bei leicht verderblichen Lebensmitteln wie zum Beispiel Fleisch muss besonders darauf geachtet werden. Allerdings geht das gesunde rationale Maß etwas verloren, wie ich finde. Sehr deutlich merkt man das, vergleicht man etwa das Verhalten an der Supermarkt-Frischetheke und einem Marktstand vom Erzeuger. Bei Ersterem kommen die Erzeugnisse meist aus riesigen technisierten Betrieben, die Verkäufer haben keinen direkten Bezug zu der Herstellung der verkauften Lebensmittel.

Der Erzeuger am Marktstand aber ist direkt am Herstellungsprozess beteiligt. Auch hier wird auf Hygiene geachtet, doch ist eine differenzierte Sicht viel leichter möglich.

Im Supermarkt schützen sich Eigentümer und Mitarbeiter, indem sie Vorschriften für sich definieren. Der Erzeuger und seine direkten Mitarbeiter haben vielleicht die Möglichkeit, ihr Risiko besser selbst zu bewerten. Und während einer Pandemie müssen natürlich auch Regeln angepasst werden.

Damit Zero Waste und das verpackungsarme Einkaufen dauerhaft funktionieren, müssen wir Käufer unbedingt auf saubere Behälter achten, die wir zum Einkaufen mitnehmen. Und wir sollten bereit sein, für uns selbst die Verantwortung zu tragen.

Ist es gut, nur weil es unverpackt ist?
Es ist gut, mit offenen Augen einzukaufen und sich auch mal zu fragen, was mit dem Verpackungsmüll passiert.

Bei Unverpacktläden sind die Besitzer in der Regel sehr aufmerksam, was die Verpackung betrifft, die angeliefert wird, und arbeiten gemeinsam mit den Produzenten darauf hin, den Transportmüll noch weiter zu reduzieren. Eine weitere Reduzierung ist möglich, weil oft ein Zwischenhändler und Konfektionierer wegfällt.

Natürlich kommen in Unverpacktläden die Produkte ebenfalls verpackt an. Aber auch wenn das Papier von einem 25-Kilo-Beutel dicker ist als bei der Kilopackung Mehl, spart es in der Masse nicht nur Verpackungsmaterial. In der Herstellung brauchen eine große Tüte oder ein großer Kanister weniger Arbeitsprozesse als viele kleine Behälter. Es lassen sich mehr große Kanister pro Lkw befördern als der gleiche Inhalt in Paletten mit kleinen Flaschen. Auch beim Recyclingprozess ist das Großgebinde wieder im Vorteil.

Und im Supermarkt oder der Drogerie werden die kleinen Packungen nicht einzeln vom Lkw gehoben. Sie kommen auf mit Klarsichtfolie umhüllten Paletten und sind selbst noch mal eingepackt. Bis die Artikel im Regal stehen, ist schon so viel Müll in die Tonne gewandert, dass die Unverpacktläden klar im Vorteil sind.

Küchenutensilien

Mit Zero Waste haben wir auch in der Küche radikal aussortiert. Bei jedem Teil haben wir uns folgende Fragen gestellt:
→ Nutzen wir es?
→ Funktioniert es wirklich gut?
→ Ist es kaputt? Und kann man es reparieren?

→ Nutzen wir es, weil wir es haben oder weil wir es wirklich brauchen?
→ Welches Teil hat mehrere Anwendungsbereiche, und können wir dadurch ein anderes ersetzen?

Wir haben also alles auf seine Funktionalität und Nutzbarkeit abgeklopft. So haben wir viel Platz, mehr Übersichtlichkeit und eine Küche gewonnen, die einfach und schnell sauber zu halten ist.

Zur Aufbewahrung haben wir anfangs Twist-off-Gläser genommen, die von Marmelade, Tomatensoße und Ähnlichem übrig blieben. Mit der Zeit ergänzten wir diese mit größeren, stapelbaren Vorratsgläsern, die wir über Kleinanzeigen, im Secondhandladen und im Supermarkt erstanden. Es gibt unzählige Firmen, die solche Gläser anbieten, und ich empfehle, sich für eine einzige zu entscheiden, weil man dann problemlos miteinander kombinieren kann und nicht tausend verschiedene Einzelteile nach dem Reinigen zuordnen muss.

Grundnahrungsmittel

Ob wir nun die Möglichkeit haben, unsere Lebensmittel unverpackt einzukaufen oder nicht, gibt es noch eine andere Möglichkeit, müllarm zu konsumieren: indem wir zum Beispiel den CO_2-Ausstoß oder den Wasserverbrauch in der Herstellung der Lebensmittel (und auch anderer Produkte) berücksichtigen.

Tiefgekühltes und Konserven haben generell eine schlechtere Energiebilanz als Frisches, sind aber zuhause eine tolle Variante, Lebensmittel haltbar zu machen und vor dem Müll zu bewahren.. Biologische Lebensmittel sind immer im Vorteil gegenüber konventionellen Lebensmitteln. Und Freilandanbau produziert weniger CO_2 als Anbau im Gewächshaus.[15]

Hier eine kleine Übersicht mit durchschnittlichen Angaben, da die Zahlen von vielen Faktoren abhängig sind.[16]

→ Gemüse: 130 (Bio) / 155 (konventionell) Gramm CO_2 pro Kilo
→ Tiefkühlgemüse: 380 (Bio) / 415 (konventionell) Gramm CO_2 pro Kilo
→ Konservengemüse: 480 (Bio) / 510 (konventionell) Gramm CO_2 pro Kilo
→ Kartoffeln: 140 (Bio) / 200 Gramm CO_2 pro Kilo
→ Pommes (TK): 5570 (Bio) / 5730 Gramm CO_2 pro Kilo
→ Brot: 650 (Bio) / 770 Gramm CO_2 pro Kilo
→ Milch: 880 (Bio) / 940 Gramm CO_2 pro Liter
→ Joghurt: 1160 (Bio) / 1230 Gramm CO_2 pro Kilo
→ Käse: 7950 (Bio) / 8510 Gramm CO_2 pro Kilo
→ Butter: 22.090 (Bio) / 23.800 Gramm CO_2 (!) pro Kilo
→ Eier: 1540 (Bio) / 1930 Gramm CO_2 pro Kilo
→ Geflügel: 3040 (Bio) / 3510 Gramm CO_2 pro Kilo
→ Schweinefleisch: 3040 (Bio) / 3252 Gramm CO_2 pro Kilo
→ Rindfleisch: 11.374 (Bio) / 13.311 Gramm CO_2 pro Kilo

Je weiter die Wege, desto besser muss die Frucht gegen äußere Einflüsse geschützt werden. Je exotischer das Anbauland, desto größer oft der Wasserdurst.

Avocados zum Beispiel reisen mit dem Schiff in einem klimatisierten Container, gut gepolstert und verpackt. In Europa kommen sie in eine Reifekammer und erst dann in den Supermarkt. Die Klimabilanz ist immer noch besser als bei Fleisch, aber richtig prickelnd ist sie nicht.

Bei uns ist alles jederzeit verfügbar. Trotzdem sollten wir darauf achten, Lebensmittel nach Jahreszeit und Entfernung einzukaufen. So lassen sich CO_2-Bilanz, Wasserverbrauch und Verpackungsmenge reduzieren.

Leider wachsen auch regionale Erdbeeren häufig in Gewächshäusern oder in Schichten von Folien eingepackt und werden manchmal sogar unterirdisch beheizt, wenn sie vor der typischen Erdbeersaison verkauft werden sollen.

Essen wir überwiegend das, was zur entsprechenden Jahreszeit um uns herum wächst, bekommt unser Körper genau das, was er gerade braucht. Frisches im Frühling, Kühles im Sommer, Kräftiges im Herbst und Warmes im Winter.

Einkaufstipps

Auch wenn eine vegane, regionale und saisonale Ernährung am wenigsten Müll produziert, gibt es daneben noch andere Parameter für Zero Waste, wie zum Beispiel die Art unserer Fortbewegung, unsere Art zu wohnen und sicher auch die Art der Fortpflanzung. Und egal, wie groß die Wohnung ist, wie oft wir Auto fahren und wie viele Kinder wir in die Welt setzen: Jeder kann das ändern, was für sein Leben funktioniert. Deshalb finde ich es blöd zu sagen: »Wenn du nicht vegan lebst, bist du nicht Zero Waste.«

Im Folgenden möchte ich daher eine Hilfestellung auch für tierische Produkte geben.

Milch, Joghurt, Sahne

Die gibt es in Deutschland fast überall als Mehrweg-Pfandflasche oder -glas zu kaufen. Ausgenommen beim Discounter.

Gerade die Biomilch im Glas, die nicht homogenisiert ist, schmeckt wirklich wie Milch, im Gegensatz zum Tetrapak-Produkt. Mittlerweile findet man auch wieder häufiger, zum Beispiel in Hofläden und direkt beim Bauern, sogenannte »stählerne Kühe«, Automaten zum Selbstabfüllen. Das spart nicht nur Müll und weite Transportwege, es sichert auch die Existenz von Familienbetrieben fern der anonymen Massenproduktion, da Zwischenhändler wegfallen.

Naturbelassene Milchprodukte eignen sich besonders, um zum Beispiel Frischkäse herzustellen (Seite 59).

Käse

Auf dem Markt lässt sich Käse leicht unverpackt kaufen. Auch einige Supermärkte bieten diese Möglichkeit mittlerweile an. Achtet auf Frischetheken, wo der Käse individuell für euch abgewogen wird. Verwendet absolut saubere Behälter. Haltet diese während eurer Bestellung gut sichtbar in die Luft und bittet freundlich darum, den Käse ohne Papier dort hineinzugeben.

Es ist nach wie vor nicht erlaubt, den mitgebrachten Behälter über die Theke zu reichen, solange der Betrieb kein extra Tablett anbietet, worauf die Dose abgestellt werden kann.

Fleisch & Wurst

Wir essen mittlerweile hauptsächlich tierfrei, weil es uns mehr und mehr unnötig vorkam und wir alle sehr tierlieb sind. Davor war es uns zumindest wichtig, es als etwas Besonderes zu sehen.

Wir haben beispielsweise auf dem Markt ein komplettes Huhn im mitgebrachten Kochtopf gekauft und es zu mehreren Gerichten verarbeitet, Hühnerbrust im Blätterteig, Schenkel und Flügel knusprig im Backofen und den Rest inkl. Knochen in Hühnerbrühe ausgekocht. Es lohnt sich, das war köstlich!

Aufgewachsen wie die meisten von uns heutzutage bin ich vor allem mit Fleisch, das nicht mehr als Tier zu erkennen war. Wir haben irgendwann entschieden: Wenn wir unbedingt eins essen wollen, dann im Ganzen.

Mit unseren Kindern reden wir darüber offen, aber altersgerecht. Ich finde es wichtig, ihnen frühzeitig bewusst zu machen, dass ein Tier für uns gestorben ist. Und dass sie sich ihre eigene Meinung dazu bilden können. Phasenweise essen sie überhaupt kein Fleisch, phasenweise wieder mehr. Kinder sind oft empathischer als wir Erwachsenen, und sie sollten die Möglichkeit haben, selbst zu entscheiden, ob sie Tiere essen oder nicht. Die weltweiten Auswirkungen unseres entarteten Umgangs mit Tieren ist enorm geworden, nicht nur ökologisch und in Bezug auf den Schutz der Tiere. Betrachten wir Seuchen, Antibiotikaresistenzen und Epidemien, zeigt sich die enge Verbindung zu unserer Tiernutzung. In unserer Familie erleben wir viele großartige neue Geschmackserlebnisse, seit wir Fleisch und Wurst rauslassen und ich kann nur dazu ermuntern, es macht Spaß und fühlt sich gut an, selbst ohne 100 %!

Und wie die Verpackung vermeiden? Wurst am Stück hält länger, bietet nicht so eine große Angriffsfläche für Bakterien und lässt sich leichter über die Theke in einen Behälter füllen.

Fleisch, das eingefroren werden kann, einfach in größerer Menge kaufen und vor der Verarbeitung portionsweise einfrieren, geht gut in Gläsern, wenn sie nicht zu voll sind.

Trockene Lebensmittel

In einigen Supermärkten und Hofläden finden sich ein paar Produkte ohne Verpackung. Alternativ versuchen wir, zum Beispiel Nudeln oder Reis in einer möglichst großen Packung zu kaufen, da sie schnell bei uns aufgebraucht werden und lange halten. Unser Mehl beziehen wir z.B. in Großpackungen von einer Mühle in Eppingen.

Eine weitere Möglichkeit sind Sammelbestellungen mit Familie, Freunden, Nachbarn beim Produzenten. Der Kölner

Unverpacktladen »Tante Olga« ist aus einer Einkaufsgemeinschaft entstanden, die unsere Freunde Olga und Gregor ins Leben gerufen haben. Wichtig dabei ist die richtige und luftdichte Lagerung, um einen Schädlingsbefall zu verhindern. Und das korrekte Einschätzen der benötigten Mengen. Ich wollte unbedingt mal gepufften Amaranth und drei Kilo vom Fünf-Kilo-Beutel abnehmen. Die Folge? Bei uns gab es 3 Jahre lang kein Müsli ohne Amaranth mehr ...

Essen ohne Abfall

Rund 82 Kilo Lebensmittel schmeißt jeder Einwohner Deutschlands jedes Jahr weg. Der Müll aus Industrie und Handel nicht mitgezählt.[17, 18]

Essensreste, abgelaufene Lebensmittel, Abfall beim Zubereiten ... Dabei lassen sich Lebensmittelabfälle leicht und ohne viel Aufwand vermeiden.

→ Einkaufsplanung
  Wer nur ein- bis zweimal pro Woche einkaufen geht, bekommt einen guten Überblick über den eigenen Verbrauch. Das funktioniert am besten mit einem Einkaufszettel: Anzahl & Art der Mahlzeiten überschlagen, je nach Vorliebe drei bis vier warme Mahlzeiten zum Frisch-Zubereiten einplanen und Standardlebensmittel nicht vergessen.

→ Kühlschrank leer essen
  Vor dem Wocheneinkauf sollte der Kühlschrank möglichst leer sein. So lässt er sich vor dem erneuten Einräumen schnell auswischen, und es wird nichts vergessen.

→ Aufbewahrung
  Seit einer Mottenplage lagern wir alles in verschließbaren Gläsern.

→ Essensreste
Sie sollten im Kühlschrank gut sichtbar stehen, um nicht vergessen zu werden, oder direkt eingefroren und beschriftet werden.

→ Komplett verarbeiten
Gerade Obst und Gemüse lassen sich meist komplett verarbeiten. Der Strunk von Kohl & Co. zum Beispiel wird von vielen in den Müll geschmissen, dabei ist er butterzart und lecker, lässt sich kochen oder als Rohkost essen.

Früher wusste ich nicht, wie viel sich vom Gemüse wirklich verarbeiten lässt. Beim Brokkoli verwendete ich nur die Röschen, der Rest landete im Müll. Vom Lauch schnitt ich großzügig das Grün ab und nahm nur die weißen Teile. Und bei allen Kohlsorten verarbeitete ich nur die Blätter. So hatte ich das zu Hause gelernt, und so machten es auch alle, die ich kannte.

Heute frage ich mich, warum es Sachen gibt, über die wir so wenig nachdenken, wo es uns doch eigentlich interessieren sollte, ob wir nicht auch das komplette Produkt verwenden können.

Zwei Bedingungen: Es muss einfach sein und lecker.

Inspiration hole ich mir oft online, zum Beispiel bei Pinterest.

Oder in dem Buch »Von der Schale bis zum Kern« von Bernadette Wörndl, das zwar auch einige aufwendigere Gerichte beinhaltet, aber einfach tolle Rezepte bereithält, »die aufs Ganze gehen«.[19]

Zu gut für die Tonne

Manchmal frage ich mich, ob die Akzeptanz für krumme Menschen oder für krummes Gemüse größer ist, aber ich glaube, ich kenne die Antwort.

Über die Jahre, vermutlich durch eine Kombination aus

EU-Normierungsfetischismus und dem Anspruch von uns Konsumenten, von allem nur das Beste und Schönste zu wollen, wurden unsere Lebensmittel immer ebenmäßiger. Heute liegen im Super- und selbst auf dem Wochenmarkt hauptsächlich Produkte nebeneinander, die wie geklont aussehen. Dabei entgeht uns, dass Aussehen noch nichts mit Charakter zu tun hat. Eine besonders gerade Gurke schmeckt nicht deshalb besonders gut. Meist ist das Gegenteil der Fall. Wer einmal eine Saison lang echtes Biogemüse selbst angebaut hat, der weiß, dass das Zeug aus dem Supermarkt genauso fad schmeckt, wie es aussieht.

Und was passiert mit dem krummen Rest, der nicht in den Verkauf kommt? Ein Großteil davon landet im Müll. Einfach nur, weil die Lebensmittel nicht in eine Norm passen. Wertvolle Ressourcen, wertvolle Arbeitskraft, wertvolles Essen werden verschwendet.[20]

In Deutschland gibt es einige Unternehmen, die sich gegen die Lebensmittelverschwendung einsetzen (Adressen siehe Anhang und mein Blog).

Rezepte

Die folgenden Rezepte bieten eine kleine Auswahl an Möglichkeiten, Verpackungsmüll beim Einkauf zu reduzieren und Reste komplett zu verarbeiten.

Sie sind wirklich supereinfach, und ich verwende hauptsächlich Zutaten, die es mit wenig bis keiner Verpackung auch für Normalsterbliche zu kaufen gibt.

Brotreste

Brotreste sammeln wir im Gefrierfach. Brot dafür am besten schon vor dem Einfrieren in Scheiben schneiden. Daraus machen wir zum Beispiel Croutons und Semmelbrösel in der Pfanne oder Brotchips im Backofen.

Brotchips

Wenn der Backofen für ein anderes Essen schon an ist, ist der perfekte Zeitpunkt für dieses Rezept gekommen.

Zutaten
- dünne Scheiben Brot (etwa ½ cm dick)
- Oliven- oder anderes Pflanzenöl
- Gewürze nach Geschmack, getrocknete Kräuter wie zum Beispiel Rosmarin und Thymian
- Salz
- Knoblauch, gepresst oder fein gewürfelt (nach Belieben)

Zubereitung
Brotscheiben in einer Schüssel oder direkt auf dem Backblech mit Öl beträufeln und würzen. Vorsichtig mischen.

Auf dem Backblech in den heißen Ofen bei 180 Grad Celsius schieben und etwa 10 Minuten backen, bis die Brotchips knusprig und leicht angebräunt sind.

Brotauflauf

Ein wunderbares Resteessen, weil man nicht nur das alte Brot loswird, sondern nahezu alles, was noch im Kühlschrank rumliegt, gleich mit verarbeiten kann.

Zutaten für 1 Person
- 100 g Brotreste, in Würfel geschnitten
- 100 ml Milch

- ½ kleine Zwiebel, fein gewürfelt (nach Belieben)
- 1 EL Butter
- 200 g Gemüse nach Geschmack, klein geschnitten
- 100 g Tomatenpüree oder klein gehackte Tomaten (oder 1–2 verquirlte Eier)
- 1 Handvoll geriebener Käse nach Geschmack (Emmentaler, Bergkäse, Parmesan …)
- Salz, Pfeffer, Oregano, Basilikum (oder was man sonst so mag)

Schnelle Zubereitung

Brotstücke/-scheiben in die Auflaufform geben.

Milch darübergießen.

Gemüse, wenn nötig, vorher kurz kochen/blanchieren und dazugeben. Tomatenpüree oder verquirlte Eier nach Geschmack würzen (Salz, Pfeffer, Tomaten mit Kräutern, Eier mit Muskat).

Käse drüberstreuen.

Bei 200 Grad Celsius für 20 Minuten in den Backofen schieben – fertig.

Aufwendigere Zubereitung

Halbe Zwiebelmenge leicht anschwitzen, Gemüse kurz mit andünsten.

Tomatenpüree dazugeben und mit Salz, Pfeffer, Oregano und Basilikum abschmecken. Etwas köcheln lassen (Gemüse sollte noch bissfest sein).

Brotreste in einer Schüssel mit Milch übergießen und 10 Minuten einweichen.

Butter schmelzen und mit der anderen Hälfte der Zwiebel und dem Ei verrühren, unter die Brotwürfel heben, salzen und pfeffern. Das Brot sollte gut eingeweicht sein, ansonsten noch etwas Wasser unterrühren und einige weitere Minuten einweichen lassen.

Feuerfeste Auflaufform mit etwas Öl einreiben, die Brotmasse in die Form streichen und die Gemüse-Tomaten-Soße darauf verteilen. Mit dem Käse bestreuen.

Auf der mittleren Schiene bei 200 Grad Celsius etwa 20–30 Minuten im Backofen garen.

Varianten
- → Wirsing mit getrockneten Tomaten oder Bratwurststückchen
- → Mediterran mit Zucchini, Aubergine, Oliven und Feta
- → Wurzelgemüse (rote oder gelbe Bete, Petersilienwurzel, Karotten)
- → Lauch & Speck
- → Fenchel & Sardellen
- → Brokkoli & Blumenkohl

Weitere Reste

Eiweiß
Was tun mit übrig gebliebenem Eiweiß?

Erst mal: Das kann man einfrieren. Bitte dabei notieren, um wie viel Eiweiß es sich handelt. Und vor dem Verarbeiten wieder auftauen.

Besonders die französische Küche bietet viel Inspiration, Eiweiß zu verarbeiten. Und zwar nicht nur zu Macarons …
- → Baiser
- → Buchstabenkekse/Russisch Brot (muss nicht in Buchstabenform sein)
- → Makronen (Nuss, Kokos, Kakao …)
- → Amarettini
- → Zitronenkekse (siehe unten).

Zitronenkekse

Das perfekte Rezept für Zitronen- und Eiweißreste und leckerster Ersatz für verpackungsreiche Fertigplätzchen.

Zutaten

→ 75 g sehr weiche Butter
→ 100 g Puderzucker oder sehr feiner Zucker
→ 3 Eiweiß (120 g)
→ 110 g Mehl
→ Abrieb von 1 Biozitrone
→ etwas Zitronensaft

Zubereitung

Backofen auf 180 Grad vorheizen. Butter cremig schlagen. Gesiebten Puderzucker unterrühren, Eiweiß nach und nach unter die Masse heben, danach mit gesiebtem Mehl und Zitrone ebenso verfahren.

Mit einem Teelöffel kleine Häufchen (max. 2 cm) Teig auf ein eingefettetes oder mit waschbarem Backpapier ausgelegtes Backblech geben, zwischen den Teighäufchen 4 cm Abstand halten. Im Backofen etwa 10 Minuten backen, bis der Rand leicht bräunlich wird. Rausnehmen, auskühlen lassen und luftdicht verschlossen aufbewahren. Lecker!

Puderzucker

Puderzucker lässt sich mit einem vernünftigen Standmixer aus jedem grobkörnigen Zucker leicht selbst herstellen.

So spart man sich diese Miniverpackungen und zahlt nur etwa ein Fünftel des Preises. Das lohnt sich besonders in der Vorweihnachtszeit zum Plätzchenbacken.

Energie Balls
Fixer Nasch-Liebling.

Zutaten (beispielhaft)
→ Chiasamen
→ Haferflocken
→ gemahlene Nüsse
→ Kakao oder nicht
→ Kokosflocken
→ gepoppter Amaranth
→ Feigen, Aprikosen oder weiche Datteln (mit Messer oder Mixer zerkleinern
→ Nussmus
→ Honig oder andere Süßungsmittel, wenn gewünscht

Zubereitung
Trockene, klebrige und flüssige Zutaten nach Belieben mischen und zu Kugeln formen. Sollte die Masse nicht zusammenhalten, noch etwas Nussmus, Trockenfrüchte oder Süßungsmittel hinzugeben. In einem verschließbaren Gefäß im Kühlschrank bis zu einer Woche aufbewahren.

Gemüsebrühpulver
Lässt sich leicht nebenbei machen.

Zutaten (soweit vorhanden)
→ Karottenschalen und Rohkost-Reste
→ Lauch (die dunklen, härteren und etwas vertrockneten Teile)
→ Schale und Verschnitt/Reste von Zwiebeln aller Art, Knoblauch
→ Petersilie und andere regionale Kräuter, davon Reste und Stängel
→ Knollensellerieschale, Reste und das Blattgrün, nicht zu viel

- → Stangensellerieschale, Grün und Reste, nicht zu viel
- → Salz (zum Abschmecken)
- → Kurkuma und etwas Speisestärke (nach Belieben)

Zubereitung

Gemüsereste, die beim Zubereiten anfallen, auf der Heizung oder in der Sonne trocknen lassen. Oder die Abschnitte in einem Wäschenetz im Gefrierfach sammeln und zu einem späteren Zeitpunkt im Backofen bei 70–80 Grad Celsius trocknen lassen. Dabei den Kochlöffel in die Tür klemmen und zwischendurch umrühren.

Das getrocknete Gemüse im Standmixer zu Pulver vermahlen, Salz, nach Belieben etwas Kurkuma und Speisestärke hinzugeben und luftdicht verschlossen aufbewahren.

Auch wenn es in nahezu jedem Unverpacktladen Gemüsebrühpulver zu kaufen gibt, ist mir darin immer deutlich zu viel Kurkuma und/oder Speisestärke enthalten. Deshalb nehme ich die selbst gemachte Variante für wunderbar aromatische Gerichte!

Senf

Senf ist möglicherweise das Einfachste überhaupt! Super auch als kleines Geschenk oder Mitbringsel, mein Papa liebt ihn!

Je heißer die Temperatur der Flüssigkeit, mit der ihr den Senf anmischt, desto milder schmeckt das Endprodukt. Wir lieben unseren Senf ordentlich scharf, deshalb koche ich das Wasser ab, lasse es abkühlen und rühre die Senfsaat dann erst unter.

Tipp: Senfsaat/-pulver gibt es im Unverpacktladen, in Großgebinden online oder im Asiamarkt. Da er kühl, trocken und dunkel gelagert ewig haltbar ist, kann man ihn gut auf Vorrat herstellen (ich würde vorher einen Probedurchgang machen).

Zutaten
- → 100 g Senfsaat
- → 2 TL Salz
- → 1 EL Kurkuma (für die Farbe, nach Belieben)
- → 160 ml Wasser (oder andere Flüssigkeit, wie zum Beispiel milder Weißweinessig, Bier, verdünnter Orangensaft)
- → 3 EL Essig

Zubereitung
Senfsaat fein oder grob mit Mörser, Mixer oder Mühle mahlen. Mit Salz & Gewürzen in einer Schüssel mischen.

Wasser hinzugeben (erst abkochen und dann auf gewünschte Temperatur runterkühlen lassen) und gründlich verrühren.

Die Schüssel zudecken und einige Stunden, am besten über Nacht, stehen lassen. Je länger er steht, desto milder wird der Senf.

Nach der gewünschten Zeit den Essig hinzufügen, in sterilisierte Gläser abfüllen und luftdicht im Kühlschrank oder an einem anderen kühlen, dunklen Ort lagern.

Anschließend dem Senf Zeit zum Reifen geben. Mindestens 24 Stunden, besser ein paar Tage.

Pimp my Senf
Honig, Feigen, Kräuter, Meerrettich oder andere Gewürze dazugeben. (Lohnt sich nur, wenn die Senf-Variation auch wirklich gerne gegessen wird.)

Frischkäse
Ach, wenn das Leben immer so einfach wäre wie Frischkäse selber machen …

Zutaten
- → 1 Glas Joghurt
- → Käsetuch, Mulltuch oder Stoffserviette

→ hohes, schmales Gefäß, zum Beispiel Messbecher oder hohe Schüssel
→ Holzlöffel

Zubereitung
Tuch locker über die Öffnung vom Gefäß legen, mit einer Hand festhalten, mit der anderen den Joghurt vorsichtig auf das Tuch gießen. Dann die vier Ecken des Tuchs um den Kochlöffel legen, zusammenbinden und das Ganze über das Gefäß hängen. Es sollte ausreichend Abstand zum Gefäßboden sein, damit die Molke aus dem Tuch abtropfen kann.

Etwa 12 Stunden bei Zimmertemperatur abtropfen lassen.

Im Kühlschrank in einem sterilisierten Glas hält sich der Frischkäse einige Tage.

Molke
Ein Restprodukt von Frischkäse, Ricotta und anderen Produkten, die aus Milch und Käse selbst gemacht werden können. Nur was damit tun?

Badezusatz
Macht Haut und Haare weich und geschmeidig. Besonders für sensible und Kinderhaut einfach perfekt.

Wasser- oder Milchersatz
Warme Molke statt Wasser macht Brot supersaftig und sorgt dafür, dass es lange frisch bleibt. Auch für Pfannkuchen kann Molke verwendet werden. Da sie leicht säuerlich schmeckt, nach Belieben im Verhältnis 1:1 mit Milch oder Wasser mischen.

Einfrieren
Kein Problem, wenn man mal keine Zeit oder Lust zum Backen und Baden hat.

Smoothies
Lassen sich super mit Molke zubereiten.

Eingelegtes Gemüse
Wer im Sommer nicht weiß, wohin mit dem ganzen Gartengemüse, kann es milchsauer mit Molke einlegen.

Vanilleschoten
Extrem teuer, aber auch unvergleichlich im Aroma.

Gerade weil sie so wertvoll und teuer sind – der Herstellungsprozess dauert bis zu zwei Jahren und erfordert unzählige Arbeitsschritte –, verwenden wir Vanilleschoten komplett und nicht nur das Mark im Innern der Schote.

Vanillemark
Auskratzen und für besondere Gerichte, wie zum Beispiel Vanilleeis, verwenden.

Vanilleschote
Hier gibt es mehrere Möglichkeiten. Wir verwenden die ausgekratzten Schoten meist in drei Schritten.
1. Mitkochen
   Ausgekratzte Schote in Milch als Getränk, für Milchreis, Grießbrei, Pudding, Soße mitkochen.
2. Vanillezucker
   Auswaschen und etwas trocknen lassen (z.B. auf der Heizung). Dann in einem Glas mit Zucker durchziehen lassen.
3. Vanillepulver/-extrakt

Richtig gut durchtrocknen, bis man die Schote mit der Hand in kleine Stücke brechen kann. Die kleinen Stücke in einer Gewürzmühle mahlen, erst grob und dann noch mal fein, et violà: Vanillepulver. Wir mahlen zwischendurch immer, wenn wir zum Beispiel beim Kochen warten, bis die Nudeln fertig sind.

Zitrusfrüchte

Fruchtfleisch
Essen oder, zum Beispiel beim Zitronenauspressen, im Eiswürfelbehälter einfrieren – so gibt es immer Zitronensaft im Haus zum Kochen, Backen oder für die Haarpflege.

Schale
Es gibt eine Vielzahl an Rezepten, für die sich Schalen von Bio-Zitronen und -Orangen verwenden lassen, zum Beispiel:
→ Zitronenkekse (Seite 56)
→ In Streifen oder als Zesten abreiben (weiße Fasern nicht verwenden). Nach Sorte getrennt im Tiefkühlfach aufbewahren oder auf der Heizung/in der Sonne trocknen.
→ Als Badezusatz (siehe Seite 60)

Zitrusextrakt
Beim Herstellen von Extrakt aus der Schale von Zitrone & Co. unbedingt darauf achten, dass es sich um unbehandelte Früchte oder Bio-Qualität handelt.

Zutaten
→ Schalen einer Sorte Zitrusfrüchte
→ Wodka

Zubereitung

Breite Orangen- oder Zitronenschalen in ein verschließbares Gefäß geben und mit Wodka auffüllen.

2–3 Wochen stehen lassen, währenddessen immer wieder schütteln. Anschließend die Schalen austauschen, um das Aroma zu intensivieren. Dabei die Flüssigkeit durch ein Sieb in eine andere Flasche gießen und die Schalen gut ausdrücken, damit sich die ätherischen Öle aus der Schale lösen.

Nach weiteren zwei bis drei Wochen durch ein feines Sieb abseihen. Luftdicht verschlossen im Schrank aufbewahren.

Der Zitrusextrakt eignet sich als Zugabe zum Essigreiniger (Seite 76), als Badezusatz (Seite 60) oder Einschlafhilfe (Seite 121).

Zitrusöl

Zutaten
- Bio-Zitrusschalen einer Sorte
- geruchsneutrales Speiseöl (desodoriertes Raps- oder Sonnenblumenöl)

Zubereitung
Wie beim Zitrusextrakt verfahren (siehe oben).

Das Zitrusöl ist wunderbar für Salatsoße, zum Anbraten oder Backen.

Fast Food

Auf jeden Fall! Aber anders. Bei Fast Food haben wir wieder mal erlebt, dass Zero Waste kein Verzicht ist, sondern ein echter Gewinn. Wir sorgen selbst für unser Fast Food, indem wir

Lieblingsgerichte vorkochen, in großen Mengen zubereiten und einfrieren.

Zur Pommesbude oder so nehmen wir uns eine Schüssel oder Brotdose mit und bekommen oft eine Extraportion als Danke.

Etwa einmal im Monat bestellen wir bei der besten Pizzeria der Stadt und lassen es mit dem Fahrradlieferdienst bringen. Die Pizzen liegen auf einer dünnen Pergamenteinlage, sodass der Karton nicht fettig wird und problemlos im Altpapier entsorgt werden kann. Vorher nehmen ihn unsere Jungs oft noch zum Basteln oder Malen.

»Man kann eben nicht alles haben« – Wenn man mit Waffeln gegen Wände rennt

Neulich auf einem Schulfest.

Für den obligatorischen Gang zum Waffelstand brachte ich einen Teller mit und bat darum, diesen für meine Waffeln zu benutzen. Irgendwie wurden die Waffeln etwas krumm – und noch während ich sagte, ich nehme sie auch so, wurden sie schon von der Mutter am Waffelstand in den Müll geschmissen. Zwei Waffeln. Und die nächsten Waffeln packte sie mir auf drei Pappteller, die noch ineinandersteckten. Ich so: »Nun habe ich extra meinen eigenen Teller mitgebracht, um Müll zu vermeiden, Sie schmeißen erst Waffeln weg und geben mir nun noch mehrere Pappteller auf einmal!« Und sie so: »Tja, man kann halt nicht immer alles haben!« Ein beliebter Spruch Kindern gegenüber und vermutlich einfach nur Gewohnheit, so zu reagieren. Und ich wusste, in diesem Moment macht es keinen Sinn, eine Diskussion anzufangen.

Allerdings habe ich später eine Lehrerin der Schule darauf angesprochen, die sehr engagiert ist. Denn es hilft nichts, sich über die aktuellen Zustände zu ärgern und sie trotzdem hinzunehmen. Es hilft nichts, böse zu sein auf die Gedankenlosigkeit vieler, denn auch ich musste erst umdenken und hatte nicht immer die Haltung, die ich heute habe. Es hilft nichts, anderen missionarisch und mit erhobenem Zeigefinger entgegenzutreten: »Du bist doof, du machst es falsch, denkt mal drüber nach!« Es hilft, es bloß anders zu machen. Es hilft, damit offen umzugehen. Es hilft, andere zu ermutigen, statt ihnen ein schlechtes Gewissen zu machen. Das schlechte Gewissen kommt schon von ganz alleine, und das fühlt sich blöd genug an.

Tee

Auch wenn Tee ebenso wie Kaffee meist von weit her kommt, ist die Klimabilanz deutlich besser. Die Weiterverarbeitung benötigt deutlich weniger Energie und nur etwa ein Achtel der Wassermenge, die Kaffee vom Anbau bis zur fertigen Tasse verbraucht. Ebenfalls positiv: Für einen Liter brauchen wir etwa einen Esslöffel Tee, für Kaffee mindestens das Sechsfache. Eine bessere Bilanz, auch finanziell.

Und noch ein Argument, öfter mal Tee zu trinken: Er lässt sich ganz einfach selbst machen, zum Beispiel aus getrockneten Pflanzen aus dem Garten oder Resten aus der Küche, wie Salbei, Kamille, Zitronenverbene, Brennnessel, Apfelschalen, Fenchel, Kümmel, Melisse, Olivenblätter, Lavendel, Hagebutten, Holunderblüten, Himbeerblätter ... Das lässt sich fast endlos fortführen.

Teebeutel bestehen heute übrigens häufig aus Kunststoff und sind nicht kompostierbar. Gute Alternativen sind Papierfilter und, noch besser, Mehrwegfilter aus Baumwolle oder Edelstahl, die mit losem Tee gefüllt werden.

Kaffee

Wir kaufen schon seit einiger Zeit in kleinen Röstereien, die ihre Bohnen meist direkt bei den Plantagen beziehen und so sehr gut überblicken können, unter welchen Bedingungen der Kaffee hergestellt wird. Ob gemahlen oder als ganze Bohnen, wird der Kaffee direkt in unser Glas gefüllt. Klar ist der Preis höher als im Supermarkt, aber noch immer weit entfernt vom Kapselpreis. Und geschmacklich ein Riesenunterschied.

In einem luftdicht verschlossenen Glas und im Kühlschrank aufbewahrt, halten sich Bohnen oder auch Pulver über einen längeren Zeitraum. Wer ab und zu an einer Rösterei – übrigens haben auch einige Cafés eine hauseigene, die vielleicht nicht auf den ersten Blick zu entdecken ist – vorbeikommt, kann natürlich auch eine kleine Menge kaufen. Das ist ja das Tolle beim Selbstabfüllen.

Jeder muss auch hierbei selbst entscheiden, was ihm wichtig ist und was er leisten kann, aber ich trinke lieber wenige Tassen von guter Qualität, als so wie früher viele Tassen zu trinken und ständig Sodbrennen zu haben.

Zum Stehen

Kaffeekapseln

Mehr als 20.000 Tonnen Kaffeekapseln fallen mittlerweile jedes Jahr in Deutschland an Müll an, jede Kapsel hat ein Verpackungsgewicht von zwei bis drei Gramm.

Bei einer 500-Gramm-Packung Kaffee wiegt die Verpackung gerade einmal rund 15 Gramm.

Kapseln sind zudem teuer, bis zu 70 Euro pro Kilo kostet der Kaffee, eine kleine metallene Kostbarkeit.

Es gibt einige Anbieter von wiederbefüllbaren Kapseln.

Schauen wir auf den gesamten Herstellungsprozess, geschieht die höchste Umweltbelastung beim Anbau und der Weiterverarbeitung zu Kaffee. Die Originalkapseln kommen mit einem Drittel weniger Kaffee aus als andere Zubereitungsarten, wodurch sich die Bilanz wieder verbessert.

Wer die Umweltbelastung in der Herstellung verringern will, dem empfehle ich einen biologisch und Fair-Trade-produzierten Kaffee aus der örtlichen Kaffeerösterei. Ich glaube, nur so macht die Verwendung von wiederbefüllbaren Kapseln Sinn.

Diejenigen, die Einwegkapseln verwenden, sollten unbedingt darauf achten, diese richtig zu recyceln. Nespresso nimmt seine Kapseln in den Boutiquen zurück, dabei werden sie genauso dem Dualen System (Grüner Punkt) zugeführt, wie wenn wir sie in die gelbe Tonne werfen.

Mehrweg-Kaffeefilter

Früher hatten wir bei unserer klassischen Filtermaschine einen Dauerfilter mit einem feinen Edelstahlnetz. Damit haben wir sehr gute Erfahrungen gemacht, sowohl geschmacklich als auch in der Handhabung.

Dauerfilter aus feinem Edelstahlgewebe oder aus Nylon gibt es für Handfilter, Aeropress und Kaffeemaschinen.

Den Kaffeesatz nach dem Durchlaufen etwas antrocknen lassen und dann im Biomüll ausklopfen. Dann ist nur ein kurzes Abspülen nötig.

Alternativ gibt es Stofffilter, die dem Kaffee ein sehr feines Aroma geben sollen. Schon 1920 wurde in Japan mit Stofffiltern aufgebrüht, und weil wir beim Tee diese Variante nutzen, kann ich mir gut vorstellen, dass das klappt.

French Press
Seit Jahren benutzen wir ein Klassikermodell, das mal Orlandos Eltern gehörte. Mit Induktionsherd können wir das Wasser dafür superschnell im Topf aufkochen und über das Pulver gießen. An unserer French Press lassen sich nahezu alle Teile austauschen, wenn sie kaputt sind, und bis auf den Griff besteht sie komplett aus Edelstahl und Glas.

Wir sind sehr happy damit, auch weil es einfach superschnell geht, und das ist ja morgens mit zwei kleinen Kindern durchaus von Vorteil.

Espressokanne/Caffettiera
Eine weitere Möglichkeit für müllfreien Kaffee ist die Espressokanne, der Name allerdings ist irreführend, denn mit ihr lässt sich kein Espresso machen, sondern eben Kaffee. Die bekanntesten Kannen sind aus Aluminium; aufgrund der Stoffe, die davon in den heißen Sud übergehen können, empfehle ich aber eine Kanne aus Edelstahl, die dann in der Regel auch kompatibel mit Induktionsplatten ist und in die Spülmaschine darf.

Zum Gehen

2,8 Milliarden Coffee-to-go-Becher werden in Deutschland jährlich benutzt, 43.000 Bäume dafür gefällt und der Jahresbedarf von etwa 100.000 Haushalten an Strom verbraucht. Nach 15 Minuten landen sie im Müll oder auf der Straße. Sie sind nicht recycelbar. Grund genug, auf die Mehrwegvariante umzusteigen.

Becher aus Bambusfasern (diese Becher bestehen meist zu zwei Dritteln aus Kunstharzen, um die Bambusfasern zusammenzuhalten) können nicht annähernd so lange benutzt werden, dass sich daraus eine bessere Energiebilanz ableiten ließe. Becher aus Polyethylen können schon eher Sinn machen, sie sollen auch keine schädlichen Stoffe in das Heißgetränk abgeben. Becher aus Edelstahl, Porzellan oder Glas sind nahezu unendlich lange einsetzbar. Für mich ist Edelstahl der Gewinner, denn diesem Material machen Beulen nichts aus, und ob auf dem Spielplatz oder öffentlichen Veranstaltungen: Man hat kein Problem bei Sicherheitskontrollen oder wenn das Teil mal auf den Boden fällt.

Mittlerweile gibt es in zahlreichen Geschäften Rabatte bei mitgebrachten Bechern. Wer die Augen offen hält, wird viele Möglichkeiten und Kaffeedealer entdecken, die dem mitgebrachten Becher gegenüber aufgeschlossen sind oder sogar einen eigenen Mehrwegbecher anbieten. Mehrwegbecher neu zu kaufen macht übrigens nur Sinn, wenn sie auch regelmäßig benutzt werden.

Pfandsysteme machen den spontanen Coffee to go übrigens müllfrei. Nur das Zurückbringen nicht vergessen, sonst ist die Bilanz wieder futsch.

Zum Sitzen

Wer Zero Waste lebt und damit auch ein Stück weit Entschleunigung, wer Erlebnisse anstelle von Zeug wieder mehr in seinen Alltag bringen kann, der wird hin und wieder auch Zeit haben, sich einfach mal ein paar Minuten im Café niederzulassen. Durchzuatmen. Und seinen Kaffee oder Tee in Ruhe zu trinken.

Zero-Waste-Restaurants und Cafés

Restaurants und Cafés, die sich dem Zero-Waste-Prinzip verschrieben haben, gibt es in immer mehr Städten. Sie sind nicht nur für Zero-Waste-Liebhaber ein prima Ort, sondern auch für alle, die dieser Idee gegenüber offen sind und mal schnuppern wollen. Hier wird ein Großteil dessen, was auf dem Teller landet, im hauseigenen Garten angebaut oder in den umliegenden Kanälen gefangen. Alles wird frisch und saisonal zubereitet. Manchen Restaurants ist ein kleiner Shop angeschlossen, in dem die Produkte des Hauses, wie Brot, Obst, Gemüse und auch trockene Lebensmittel, zum Selbstabfüllen angeboten werden. (Adressen finden sich in meinem Blog und im Internet.)

Sauber. Haushalt

Hausarbeit ist nicht gerade die Beschäftigung, für die mein Herz schlägt. Als wir auf Zero Waste umgestellt haben, rechnete ich damit, dass es komplizierter und mühsamer würde, die Wohnung in Ordnung zu halten. Aber hey, ein paar Opfer muss man halt bringen. Umso überraschter war ich, wie einfach und schnell es plötzlich wurde.

Nachdem ich jahrelang die aggressivsten und antibakteriellsten Reiniger verwendet, Toilette und Fußboden häufig mit Einwegtüchern und Einmalhandschuhen geputzt hatte, fing ich an, diese Art des Saubermachens zu hinterfragen. Auch weil es mir nach unserer Indienreise plötzlich so albern vorkam, in diesem klinisch sauberen Deutschland und dazu noch in meiner eigenen Wohnung solche Geschütze aufzufahren.

Als ich mit meinem Sohn Hugo schwanger war, fiel mir dann erstmals auf, wie schwindelig mir beim Putzen wurde, und ich benutzte fortan einen Mundschutz. Doch wenn die Stoffe, mit denen ich meine Wohnung einschmiere, so toxisch sind, dass ich sie nicht einatmen kann, möchte ich diese Flächen dann berühren, nachdem sie gereinigt wurden?

Wie Wissenschaftler in einer Langzeitstudie herausgefunden haben, können aggressive Putzmittel die Lunge ebenso schädigen wie starkes Rauchen.[21] Das ist den meisten von uns nicht bewusst.

Das einfachste Geheimnis bei Zero Waste ist, die Wohnung so zu organisieren, dass es kaum Zeit kostet, einmal schnell durchzuwischen. Auch und gerade in der Küche. Bei uns steht so gut wie nichts auf den Arbeitsflächen, alles hat seinen festen Platz im Schrank. So ist die Küche schnell aufgeräumt, und wir können mit einem sauberen Lappen und warmem Wasser einmal durchwischen. Wer regelmäßig sauber macht, braucht weder Desinfektionsmittel noch aggressive Reiniger.

Desinfektionsmittel

Seit Jahren geht der Trend dahin, immer breitflächiger und großzügiger zu desinfizieren, aus Angst vor schädlichen Keimen. Gleichzeitig schadet die Desinfektion im privaten Rahmen mehr, als dass sie nützt. Das Bundesinstitut für Risikobewertung rät davon ab.[22]

Leider suggerieren Informationsblätter beim Arzt und anderswo, dass man sich möglichst bei jeder sich bietenden Gelegenheit die Hände desinfizieren und gründlich mit Seife reinigen sollte. Desinfektionsmittel erhöhen jedoch die Gefahr für Allergien, greifen unseren Körper an und können Resistenzen gegen bestimmte Antibiotika erzeugen, die im schwerwiegenden Krankheitsfall nicht mehr wirken.[23] In unserem Bekanntenkreis wird besonders häufig zu Desinfektionsmitteln gegriffen, wenn kleine Kinder im Haushalt leben. Vorrangig, um die Kinder zu schützen. Was gut gemeint ist, schadet jedoch mehr, als dass es nützt, denn Kinder können besonders leicht durch Desinfektionsmittel Schaden nehmen, auch und besonders weil sie viele Dinge anlecken und in den Mund nehmen. Gleichzeitig ist dieses Verhalten wichtig, denn so entdecken Kinder ihre Umgebung, und auch ihr Immunsystem braucht die Herausforderung, um später fürs Erwachsenenleben gewappnet zu sein.

Wir wollen »alles immer noch ein bisschen besser machen, also sauberer«[24]. Ist überhaupt nicht nötig. In diesem Kapitel stelle ich daher meine liebsten und sinnvollsten Reinigungsmittel vor, die Zero Waste zu bieten hat.

Reinigungsbasics

Größere Gebinde lohnen sich, wenn Platz zur Lagerung vorhanden ist und weil Reinigungsmittel kein Verfallsdatum haben, aber immer zu gebrauchen sind. Allerdings: Am besten mit kleinen Packungen ausprobieren, ob es wirklich für die persönliche Routine passt.

Auch natürliche Zutaten sind hoch konzentriert ätzend und giftig. Irgendwoher müssen sie ihre Reinigungskraft nehmen, deshalb im Sinne eurer Gesundheit und Haut bitte durch Handschuhe schützen, wenn nötig, und außerhalb der Reichweite von Kleinkindern aufbewahren.

Wasser
Vieles lässt sich sehr gut mechanisch und mit lauwarmem Wasser reinigen. Wichtig sind vor allem saubere Putzutensilien.

Essigessenz
In jeder Drogerie in Glasflaschen erhältlich, wirkt auf natürliche Weise antibakteriell und entkalkend. Basis für Putzmittel, Körperpflege, Lebensmittel.

Natron
Geht immer, hilft immer.
Als Scheuermittel, für den Toilettenreiniger, gegen Gerüche. Kann problemlos auch für empfindliche Flächen wie Ceran, Edelstahl, Backofen eingesetzt werden oder für Textilien, zum Beispiel bei Flecken auf dem Teppichboden oder Sofa.

Wenn wir nicht weiterwissen, heißt es: »Nimm Natron!« Im Papierbeutel in der Drogerie, im Großgebinde online oder im Unverpacktladen erhältlich.

Wodka
Desinfizierend. Unsere Basis für die Duftessenzen, die wir für unser selbst gemachtes Reinigungsmittel oder als Wäscheduft verwenden. Manchmal landet er auch im Drink.

Zitronensäure
Stark kalklösend. Bei dem harten Kölner Wasser war sie fast täglich im Einsatz, in Wiesbaden brauchen wir sie so gut wie gar nicht mehr.

Geschirrspülmittel
Werden Töpfe und Pfannen direkt nach Gebrauch gespült, reichen häufig warmes Wasser und eine Bürste.

Ansonsten benutzen wir ökologisches Spülmittel aus Großgebinden, die wir direkt vom Hersteller beziehen. Es gibt sie auch in einigen Biosupermärkten zu kaufen. Wir reinigen damit auch Bad und Toiletten, weil Badkeramik oft versiegelt ist und Säure das Material angreifen würde. Eine Zeit lang haben wir als Spülmittel Naturseife aus der Provence verwendet, waren aber mit der Reinigungs- und Fettlösewirkung nicht sehr zufrieden.

Putzlappen
Es gibt mehrere Möglichkeiten. Nahezu alle Putzlappen können übrigens in die Waschmaschine, auch wenn es auf den ersten Blick Einweglappen sind.
→ Recycling-Putzlappen: Aus alter Bettwäsche, Handtüchern, T-Shirts etc. lassen sich hervorragende Lappen selbst machen. Je nach Einsatzgebiet zum Reinigen, Polieren, Nachwischen.

- Microfaser-Tücher: Eignen sich ebenfalls gut zum Putzen von Geschirr, Küche, Möbeln und Bad. Auf gute Qualität achten, manche fusseln sehr stark.
- Baumwollstricklappen: Sie werden extra zum Putzen gefertigt, trocknen aber sehr langsam und fangen deshalb schnell an zu müffeln. Einmal kochendes Wasser drübergießen hilft dann.

Spülbürste
Wir nutzen eine Bürste aus Holz mit wechselbarem Bürstenkopf. Diese Bürsten halten lange und können immer mal wieder in kochendem Salzwasser oder in der Spülmaschine gereinigt werden. Man kann sie recht lange benutzen, auch wenn sie mit der Zeit etwas zerzaust aussehen.

Metallschwamm
Gibt es aus Kupfer oder Edelstahl und eignet sich gut für die Reinigung von Töpfen und unbeschichteten Pfannen.

Staubwedel/-bürste
Wir haben eine Bürste zum Staubwischen mit weichen Naturhaarborsten. Es geht superschnell, ist mal eben zwischendurch gemacht, und man kann sie einfach an der frischen Luft ausklopfen. Auswaschen ist auch kein Problem.

Staubsauger
Seit wir in einer Wohnung mit Holzdielen statt Laminat wohnen, mussten wir uns einen leistungsfähigen Staubsauger zulegen. Der hat jetzt 600 statt 2000 Watt, ist leiser, saugt sensationell gut und schnell und hat endlich, endlich, endlich keinen Beutel mehr. Die Investition in ein hochwertiges Produkt hat sich gelohnt, und ich freue mich jedes Mal, weil es so schnell und sauber geht und dabei so viel weniger Strom verbraucht als unser altes Teil. Der

Staubsauger hat mehrere Filter, die alle herausnehmbar und gut zu reinigen sind.

Rezepte

Tipp: Neue Keramik wird durch säurehaltige Reinigungsmittel beschädigt, hier unbedingt auf milde Reinigungsmittel zurückgreifen wie Geschirrspülmittel oder Natron!

Essigreiniger

Zutaten
- 1 Teil Essigessenz
- 4 Teile Wasser
- einige Spritzer Zitronen- oder Orangenessenz (optional)

So geht's
Alles in einer Sprühflasche mischen.

Toilettenreiniger

Für unser spülrandloses WC benutzen wir einen Spritzer Geschirrspülmittel. Bei unserer alten Toilette waren wir aber mit folgendem Rezept mehr als zufrieden:

Zutaten
- 2 EL Zitronensäure
- 100 ml abgekochtes Wasser
- 10 ml Spülmittel
- 2 EL Speisestärke
- 500 ml kaltes Wasser
- ätherische Öle (wie Zitrone, Lavendel nach Belieben)

So geht's
Die Zitronensäure im abgekochten, noch heißen Wasser durch Rühren auflösen und Spülmittel dazugeben. Die Speisestärke unter ständigem Rühren mit 500 ml kaltem Wasser aufkochen lassen. Aufpassen, dass keine Klumpen entstehen.

Beide Flüssigkeiten und etwas ätherisches Öl miteinander vermischen und nach dem Abkühlen in eine leere WC-Reiniger-Flasche füllen.

Scheuermittel

Zubereitung
Natron
etwas Wasser

So geht's
Zu einer Paste mischen und fertig.

Anwendbar für nahezu alles: Keramik, Ceran, Glas, Edelstahl, Emaille. Je empfindlicher die Fläche, desto mehr Wasser sollte hinzugegeben werden.

Rohrreiniger
Die beste Vorbeugung gegen Rohrverstopfung ist ein Metallsieb im Abfluss. Haben sich doch Speisereste oder Haare festgesetzt, hilft ein Pümpel (beste Erfindung!) oder dieses uralte Hausmittel:

Zutaten
→ ½ Tasse Natron
→ ½ Tasse Essig (oder Essigessenz mit Wasser verdünnt)
→ 1 feuchtes Tuch
→ mindestens 1 Liter heißes Wasser

So geht's
Erst Natron in den Abfluss gießen, dann vorsichtig den Essig dazugeben.

Säure und Lauge reagieren miteinander, es kann spritzen! Direkt mit dem feuchten Tuch abdecken.

Mindestens 10 Minuten warten. Wenn nötig, auch länger einwirken lassen, dann mit dem heißen Wasser nachspülen.

Wäsche waschen

Wir haben viel ausprobiert auf der Suche nach dem ultimativen Waschmittel.

Die aggressiven Standardwaschmittel enthalten eine ganze Reihe von Bestandteilen, die sowohl fürs Abwasser als auch für uns selbst extrem schädlich sind.[25] Sie können Hautreizungen und Allergien verursachen. Mein Sohn hatte schon Hautausschlag, nachdem seine Hose mit einem bekannten Billigwaschmittel gewaschen wurde.

Allerdings werden diese Chemikalien nicht nur deshalb eingesetzt, weil sie günstig sind, sondern auch, weil sie die Wäsche meist fleckenfrei und sauber machen. Die große Herausforderung für ökologische Waschmittel ist deshalb besonders die Kinderwäsche. Hugos frühere Tagesmutter hat mal gesagt: »Wenn die Kinder abends nicht dreckig sind, haben sie am Tag nichts gelernt.« Ich unterschreibe das einfach mal. Und deshalb ist für uns ein gutes Fleckenmanagement essenziell.

Waschmittel

Es gibt verschiedene Möglichkeiten für Zero-Waste-Waschmittel. Auch hier gilt wieder: Testet die normale Haushaltsgröße, und entscheidet dann, welches Mittel für eure Bedürfnisse und Wasserhärte praktikabel ist.

Großgebinde

Ob Pulver oder Flüssigwaschmittel, ist Geschmackssache. Flüssigwaschmittel enthält häufig Konservierungsstoffe, und die üblichen XXL-Pulverpackungen aus dem Supermarkt sind meist mit Rieselhilfen gestreckt.[26] Die Dosierungsangaben sollten also bei den Großpackungen nicht höher sein als bei der normalen Haushaltsgröße.

Unbedingt an die Dosierungsempfehlung halten oder noch mal etwas reduzieren. Wer viel von etwas hat, geht oft auch großzügiger damit um, und damit verfehlen wir ja unser Ziel.

Konzentrat

Waschmittelkonzentrate sind eine weitere und vielleicht sogar bessere Möglichkeit, Abfall und Ressourcen bei Transport und Produktion zu sparen. (Adressen für das Bestellen von Großgebinden und größeren Konzentratbehältern siehe Anhang.)

Waschpulver selbst machen

Bei unserer letzten Waschmaschine haben wir eine Zeit lang selbst gemachtes Waschmittel verwendet. Das vertrug sich durch den hohen Seifenanteil nicht mit unseren Stoffwindeln, und wir hatten Schwierigkeiten, die Zutaten halbwegs günstig und verpackungsarm zu finden. Nichtsdestotrotz war ich mit der Waschleistung superzufrieden, und es ist toll, die Inhaltsstoffe genau zu kennen.

Zutaten
- → 50 g Spezialsalz oder Zitronensäure
- → 100 g Waschsoda (staubt sehr stark, Vorsicht!)
- → 100 g Natron
- → 150 g Kernseife, geraspelt
- → 20 Tropfen Zitrus- oder Orangenextrakt nach Belieben

So geht's
Alle Zutaten (außer Duftextrakt) in einer Schüssel gut mischen, es sollten keine Klumpen vorhanden sein. Dann im Standmixer noch mal zerkleinern, damit sich die Seifenflocken in der Maschine besser auflösen können. Den Extrakt zugeben und in einem fest verschlossenen Behälter aufbewahren. Damit das Pulver nicht klumpt, kann eine alte, mit Reis gefüllte Nylonsocke dazugelegt werden.

Dosierung: 1 EL pro Waschgang, bei starker Verschmutzung 2 EL.

Waschnüsse/Kastanien

In Indien werden traditionell Waschnüsse verwendet. Seit sie bei uns als umwelt- und hautschonende Alternative zum Waschmittel gefeiert werden, sind sie in Indien so teuer geworden, dass die Menschen dort auf billiges Industriewaschpulver zurückgreifen. Wir haben das in Indien auch benutzt, und da wir dort wie die meisten anderen unsere Kleidung von Hand gewaschen haben, konnte ich die Auswirkungen am eigenen Leib erfahren. Meine Hände sahen anschließend ganz und gar nicht gut aus. Da es keine Kläranlagen gibt, das Abwasser also ungefiltert in die Flüsse und in den Boden sickert oder die Wäsche gleich direkt mit der Chemiekeule im Fluss gewaschen wird, hat dies schlimme Auswirkungen auf Mensch, Tier und Natur. Außerdem legen die Waschnüsse weite Wege bis zu uns zurück.

Eine Alternative sind Rosskastanien (nicht die essbaren Maronen). Diese werden geschält und zerkleinert, eingefroren oder getrocknet. Eine kleine Menge der Nüsse im Stoffbeutel oder einem alten Nylonstrumpf mit der Wäsche in die Maschine geben. Die enthaltenen Saponine wirken wie Seife.

Wasch-Ei oder -Kugel

Sogenannte Wasch-Eier sind mit Mineralpellets gefüllt, die chemische Waschmittel ersetzen. Wir benutzen für unsere Stoffwindeln das Eco-Egg, weil andere Waschmittel die Membran beschädigen können. Grundsätzlich bin ich sehr zufrieden damit, es macht die Windeln genauso sauber wie ein »normales« Waschmittel auch. Es ist sehr geruchsneutral und schonend für Wäsche und Haut. Eigentlich frage ich mich, warum wir es für die restliche Wäsche nicht auch benutzen. Vielleicht sollte ich damit mal beginnen, wenn das andere Waschmittel leer ist …

Entkalker/Weichspüler

Gibt es ökologisch im Großgebinde. Alternativen sind Essigwasser oder Zitronensäure.

Geruchsneutralisierung

Ob bei Stoffwindeln, Handtüchern oder anderer Wäsche – manchmal fängt die Maschine und damit auch die Wäsche an zu müffeln. Vor allem, wenn kein Waschmittel mit synthetischen Duftstoffen verwendet wird. Statt eines schädlichen Desinfektionsmittels schafft Folgendes Abhilfe:

→ Alle paar Wochen eine 90-Grad-Maschine laufen lassen, zum Beispiel mit Handtüchern oder im Leerlauf mit in heißem Wasser gelöster Zitronensäure.
→ 1 EL Natron zur Wäsche ins Waschmittelfach geben.

Fleckenteufel
Kleidung mit Flecken ist nicht schön anzusehen. Wegschmeißen? Gescheckt durch die Gegend laufen? Oder entfernen – und das ganz ohne Chemiekeule.

Allgemein
Ein Zaubermittel ist Sonne, besonders bei Beeren- oder eiweißhaltigen Flecken. Am besten das feuchte Wäschestück nach dem Waschen direkt in die Sonne hängen.

Blut
Fleck mit kaltem Wasser ausspülen, evtl. in kaltem Seifenwasser einweichen, dann normal waschen.

Beeren
Möglichst direkt behandeln, eingetrocknete Beerenflecken gehen aber meist auch noch gut weg. Wäscheteil ausgebreitet in die Bade- oder Duschwanne legen. Kochendes Wasser aus möglichst großer Höhe darübergießen, bis der Fleck fast oder ganz verschwunden ist. Dann ganz normal waschen.

Grasflecken
Mit Zitronensaft vorbehandeln, bei empfindlichen Textilien besser Spiritus oder Gallseife verwenden. Dann waschen.

Weißwäsche
Wenn Weißwäsche vergilbt, einen Graustich hat oder alte Flecken, helfen Sauerstoffbleiche oder Waschsoda.

Tomate
Möglichst direkt behandeln. Mit warmem Wasser anfeuchten, Geschirrspülmittel oder Gallseife einreiben, kurz einwirken lassen und mit warmem Wasser auswaschen.

Schön, gepflegt und gesund

Was wir über die Jahre und durch die konstante Berieselung irgendwelcher Werbeversprechen verloren haben, ist das Wissen um unseren eigenen Körper und die vielen Fähigkeiten, die er von Natur aus besitzt. Mit vielen Pflegeprodukten tun wir ihm ganz und gar nichts Gutes, wir nehmen ihm allenfalls die Arbeit ab, uns von selbst gesund zu halten.

Immer wieder höre ich Aussagen wie »Wenn es um meine Haut geht, vertraue ich lieber auf ›richtige‹ Sachen«. Das soll jeder so halten, wie er meint. Was uns angeht, haben unsere Hautprobleme nahezu komplett aufgehört, seit wir keine Chemieprodukte mehr verwenden, die lauthals verkünden, gegen Schuppen, gegen Falten, gegen Pickel zu sein.

Von der Problemhaut zur Unproblemhaut

Ich war abhängig. Meine Haut war abhängig.

Seit ich denken kann, hatte ich Probleme mit meiner Haut. Als Kind diagnostizierte der Arzt Neurodermitis, und immer wenn es große Veränderungen in meinem Leben gab, wie zum Beispiel den Eintritt ins Gymnasium, spielte meine Haut völlig verrückt. Als ich klein war, wurde ich fast jeden Abend gebadet. Als Jugendliche haute ich einen Großteil meines Taschengeldes für Cremes und andere Beautyprodukte auf den Kopf. Eine reinere und glücklichere Haut hatte ich damit nicht. Nach dem Duschen juckte meine Haut wie verrückt, obwohl ich doch

Duschgel für trockene und sensible Haut benutzte. Kurzum: Die Produkte halfen direkt beim Auftragen, aber sie verbesserten nur so lange den Zustand meiner Haut, wie ich sie benutzte.

Während und nach meiner ersten Schwangerschaft war es besonders schlimm. Ich ließ Unmengen Geld für spezielle Pflegeprodukte in der Apotheke, bei denen ich mich nach einem Blick auf die Inhaltsstoffe ernsthaft fragte, wie das Zeug meine Haut »gesund« machen sollte.

Zu dieser Zeit dachte ich mehr und mehr über die Inhaltsstoffe meiner Duschgels, Cremes und Shampoos nach. Ich stellte fest, dass meine Peelings Mikroplastik enthielten und in all den Produkten synthetische Duftstoffe enthalten waren. Und ich fühlte mich mehr und mehr unwohl damit.

Auf der Suche nach einer Zero-Waste-Lösung für unsere Körperpflege bestellte ich eines Tages – ein bisschen aus Versehen – einen Fünf-Kilo-Stoffbeutel mit *Savon-de-Marseilles*-Seifenflocken, um den Plastikmüll der kleinen Duschgelverpackungen zu vermeiden. Eigentlich wollte ich daraus Geschirrspülmittel und andere Reinigungsprodukte machen, aber irgendwie funktionierte es weder für das ultrakalkhaltige Kölner Wasser noch für das Bratfett, das ich damit entfernen wollte. Es war eine große Schmiererei, brachte mich aber auf die Idee, die Flocken im Topf zu schmelzen und für Körperseife in eine Form zu gießen.

Geruch: gewöhnungsbedürftig.
Preis: unschlagbar günstig.
Effekt: perfekt!

Wir benutzen mittlerweile seit 2013 diese Seife zum Händewaschen und Duschen, sie trocknet die Haut nicht aus, überfettet aber auch nicht, nur nach dem Rasieren creme ich mit einem kleinen Spritzer Öl (Mandelöl, Olivenöl, Kokosöl, was gerade greifbar ist, aber wirklich wenig!) die entsprechenden Stellen ein oder benutze dafür eine feste Bodybutter, die mit einem Minimum an kompostierbarer Verpackung auskommt.

Fünf Kilo Seifenflocken zu kaufen halte ich rückblickend für unnötig. Es gibt sowohl in der Drogerie als auch im Bioladen eine große Auswahl an Körperseifen, die zudem auch noch angenehm duften. Und wir haben nach fünf Jahren immer noch weit mehr als die Hälfte der Seife übrig.

Seifenstücke passen ins kleinste Reisegepäck und machen keine Probleme beim Sicherheitscheck am Flughafen. Der hauteigene Schutzmantel, den man jahrelang mit all den Pflegeprodukten durchbrochen hat, kann wieder regenerieren.

Ist das eine subjektive Erkenntnis? Nein.

Ich habe darüber mit meiner Hautärztin gesprochen. Sie empfiehlt ihren Patienten, die ja alle mit Hautproblemen zu ihr kommen, immer wieder, doch bitte nur einfache Seife zu verwenden und möglichst wenig einzuseifen, also nur die Geruchzonen, nach starkem Schwitzen auch den ganzen Körper, und nicht zu überpflegen, wie es viele heute tun. Und dennoch wollen die meisten nicht auf ihre Produkte verzichten und setzen lieber noch eins drauf, indem sie ihre Hautprobleme dann noch mit cortisonhaltigen oder ähnlichen Salben behandeln.

Ich kann derartige Entscheidungen natürlich niemandem abnehmen. Für unsere Familie kann ich aber sagen, dass die Abkehr von Duschgel, Shampoo und Cremes so unübersehbar positive Effekte hatte, dass ich froh bin, diese Erfahrung gemacht zu haben, als unsere Kinder gerade erst zur Welt kamen, sodass die zwei von Anfang an davon profitieren konnten.

Im Folgenden möchte ich euch Tipps für die Körperpflege von Erwachsenen und Kindern geben, die wir in unserer Familie ausgiebig getestet und für gut befunden haben. Ich bin keine Dermatologin, deshalb kann ich auch nicht von unserer Haut auf andere schließen. Doch sind wir alle vier mit eher sensibler Haut ausgestattet, sodass die Produkte nicht nur möglichst Zero Waste sind, sondern wirklich auf den Prüfstand mussten und ich sie guten Gewissens empfehlen kann.

Da sich die Haut von Mensch zu Mensch unterscheidet, sind Verträglichkeit und Bedürfnisse wie bei allen anderen Pflegeprodukten sehr individuell. Bevor also große Mengen gekauft werden, sollte zunächst getestet werden, was man verträgt und was nicht. Im Zweifelsfall mit dem Dermatologen seines Vertrauens darüber sprechen und betonen, dass man sich eine möglichst natürliche Pflege wünscht. Viele Patienten sehen das anders, und es hilft den Ärzten, wenn sie wissen, was man von ihnen will.

Die beste Grundlage

Die Haut ist unser größtes Ausscheidungsorgan, durch sie wird ein Großteil der in unserem Körper enthaltenen Gifte ausgeleitet. Kein Wunder also, dass man der Haut unseren Lebenswandel ansieht. Für unsere Gesundheit und auch als Basis für eine Zero-Waste-Hautpflege können wir also schon mit mehr oder weniger einfachen Mitteln für gute Ausgangsbedingungen sorgen:

→ Mindestens sieben Stunden Schlaf pro Nacht zu möglichst festen Zeiten (für junge Eltern mag das nach Hohn und Gespött klingen, uns geht es da leider nicht anders!).

→ Täglich zwei bis drei Liter stilles Wasser (auch Infusionen mit Limette, Rosmarin etc.) oder ungesüßten Kräutertee trinken.

→ Möglichst dreimal pro Woche mindestens 30 Minuten Sport (am besten mit Frischluft. Bei uns ist es das tägliche Radfahren in Straßen mit wenigen Autos und YouTube-Yoga bei offenem Fenster, denn ins Studio schaffe ich es eh nie).

→ Ausgewogene Ernährung mit viel Gemüse, etwas Obst und wenig Zucker, Fleisch-, Milchprodukte. Bei Getreide lieber

Vollkorn und alte Sorten statt zu viel Weizen, also eigentlich nichts bahnbrechend Neues. Auch das ist mit kleinen Kindern nicht immer einfach. Seit wir aber so gut wie kein Fertigessen mehr konsumieren, ist mein Verlangen nach Gemüse in die Höhe geschnellt, ob das nun in Zusammenhang steht oder nicht, und ich habe einfach so zehn Kilo abgenommen.

Auch wenn es abgedroschen klingt:

Wahre Schönheit kommt von innen.

Daran können weder Chemie noch Chirurgie etwas ändern. Allenfalls noch die dekorative Kosmetik. Wer sich in seiner Haut unwohl fühlt, wird vielleicht die besten Ergebnisse erzielen, indem er Dinge im Leben verändert, die ihn unzufrieden machen. Und als Frau fühlt man sich jeden Monat ein paar Tage wie ein Zombie, so ist das nun einmal.

Duschen

Eine schonende und sparsame Art zu duschen besteht darin, Seife nur für die Stellen zu nutzen, die riechen, oder statt Rasierschaum. Für den restlichen Körper reichen die Seife, die beim Abwaschen an der Haut entlangrinnt, und Wasser. Folgende Seifen kann ich empfehlen:
→ Olivenölseife
   Im Bioladen, in speziellen Seifengeschäften oder der Drogerie erhältlich.
→ Alepposeife
   Eine besondere Art der Olivenölseife mit Lorbeeranteil. Je höher der Anteil an Lorbeeröl, desto rückfettender und

feuchtigkeitsspendender ist die Seife. Er sollte jedoch nicht mehr als 35 Prozent betragen. Zudem kann Lorbeeröl, wie viele andere natürliche Stoffe auch, bei manchen Menschen Allergien auslösen. Online, im Bioladen, in speziellen Seifengeschäften und auf dem Wochenmarkt erhältlich.
Alepposeife wird original in Seifenfabriken in und um die syrische Stadt Aleppo hergestellt, die meisten Fabriken sind jedoch durch den Krieg zerstört worden.

→ Schafmilchseife
  Mag ich besonders für die sensible Kinderhaut. Verwenden wir aber sehr selten, die Kinder werden hauptsächlich mit warmem Wasser gewaschen.
→ Wer sich mit flüssigem Duschgel wohler fühlt, findet Naturkosmetik im Bioladen oder in größeren Kanistern online.

Eincremen

Bei der Reinigung mit Olivenöl- und Alepposeife braucht es in der Regel nur eine minimale Menge an Pflege für danach. Zu Beginn der Umstellung kann die Haut jucken, denn sie muss erst wieder lernen, sich selbst zu versorgen. Mit der Zeit lässt der Juckreiz nach und ist irgendwann ganz verschwunden.

Ich verwende ein wenig Öl, das ich zwischen den Handflächen erwärme und dann mit den Händen dort verteile, wo es nötig ist: Füße, Knie, rasierte Stellen. Optimal ist es, das Öl auf die noch feuchte Haut aufzutragen. Und auch auf die Gefahr hin, dass ich mich wiederhole: sparsam!

Folgende Öle, die auch in der Küche gut aufgehoben sind, können, nativ & kalt gepresst, für das »Eincremen« verwendet werden. Sie sind nicht sehr lange haltbar, deshalb nach dem Öffnen im Kühlschrank aufbewahren.

- Avocadoöl
  Regeneriert, stärkt die Hautschutzbarriere & schützt vor Feuchtigkeitsverlust. Für trockene & rissige Haut. Gut nach dem Sonnenbad und bei Neurodermitis. Kann auch mit etwas Aloe-Vera-Gel gemischt werden.
- Arganöl
  Entzündungshemmend, auch bei allergischen Hauterkrankungen. Eignet sich für trockene, reife wie auch unreine Haut und besonders für das Gesicht. Nicht zu großflächig anwenden. Zieht gut ein.
- Distelöl
  Zieht schnell ein. Gegen unreine Haut.
- Hanföl
  Bei schuppiger, rauer, entzündlicher Haut.
- Macadamianussöl
  Glättet die Haut und schützt vor Feuchtigkeitsverlust. Stark fettend. Wirksam bei trockener und reifer Haut.
- Mandelöl
  Für die ganze Familie, auch zur Babypflege. Pflegt und stärkt empfindliche trockene und schuppige Haut. Für alle Hauttypen geeignet.
- Olivenöl
  Macht die Haut elastisch und belastbar. Schmerzlindernd, enthält unter anderem Vitamin E.
- Rapsöl
  Bei trockener, reifer, schuppiger, rissiger oder schlecht durchbluteter Haut.
- Sesamöl
  Besonders für reife Haut, enthält Vitamin E. Ihm wird nachgesagt, dass es immunsystemstärkend und gut für Muskeln und Gelenke sei.
- Sonnenblumenöl
  Zieht schnell ein. Für normale bis leicht fettende Haut.

Gesichtspflege

Ich verwende mittlerweile, wenn überhaupt, eine winzige Menge Arganöl, wärme es zwischen den Handflächen auf und verteile es dann im Gesicht. Arganöl zieht schnell ein und gibt der Haut die Möglichkeit, sich selbst zu regenerieren. Anders als bei vielen Cremes wird die Haut dadurch nicht abhängig von der täglichen Pflege.

Durch das Umsteigen auf Arganöl konnte meine Haut sich wieder selbst helfen. Tägliches Cremen ist seitdem nicht mehr nötig. Abends wasche ich meine Haut mit klarem Wasser oder etwas Seife und verteile, wenn nötig, etwas Arganöl dort, wo die Haut spannt oder sich trocken anfühlt. Über Nacht erneuert die Haut ihren Schutzfilm. Normalerweise wäscht man diesen morgens wieder ab. Ich erfrische oft nur meine Augen ein wenig mit kaltem Wasser und lasse meine Haut ihren Dienst tun.

Zahnpflege

Als es bei uns um eine möglichst müllreduzierte und gesunde Zahnpflege ging, kam erstmals die Frage »Fluorid oder nicht?« auf. Für diejenigen, die sich schon einmal damit beschäftigt haben, ist es ein Thema, das ähnlich in zwei Lager teilt wie »Vegan oder nicht?« und »Impfen – ja oder nein?«. Ich kann darauf keine fundierte Antwort geben. Es ist sicher ein Unterschied, ob Fluorid durch Salz oder Wasser direkt dem Organismus zugeführt oder lediglich in einer kleinen Dosis auf Zähne und Schleimhaut aufgebracht und dann wieder ausgespült wird. Und je weniger zuckerhaltige Lebensmittel und Säfte wir zu uns nehmen, desto geringer ist auch die Notwendigkeit einer Kariesprophylaxe. Aber hört nicht auf mich, hört auf euch selbst.

Wir haben uns für einen Mittelweg entschieden und verwenden morgens eine ökologische Zahnpasta mit Fluoridgehalt und Vitamin B12, die auch für Kinder unter sechs Jahren geeignet ist, wenn eine kleine Menge verwendet wird.

Abends putzen wir die Zähne mit Zahnpulver, dessen Zutaten wir unverpackt in der Apotheke kaufen, oder Zahnputztabletten. Die Kinder lieben es!

Zahnpasta

Es gibt drei einfache Mittel, um mit gewöhnlicher Zahnpasta Abfall zu sparen.

1. Die Menge halbieren. Wir verwenden oft viel mehr Zahnpasta als nötig, und wenn wir die Menge reduzieren, hält die Tube gleich doppelt so lange.
2. Leer machen. Die Tube lässt sich um einen einfachen Stift so zusammenrollen, dass sie danach wirklich aufgebraucht ist.
3. Sparpackungen. Sobald die Lieblingszahnpasta mal etwas mehr Inhalt im Angebot hat, zugreifen. Verschlossen hält sie ja eine ganze Weile.

Zahnpulver

Zahnpulver gibt es fertig zu kaufen, es lässt sich jedoch sehr einfach selbst machen. Wichtig dabei ist vor allem, dass das verwendete Pulver nur leicht abrasiv wirkt, also die Zähne zwar poliert, aber nicht den Zahnschmelz angreift. Deshalb rate ich wie auch die Hersteller selbst davon ab, gewöhnliche Tonerde zum Zähneputzen zu verwenden.

Zahnbürste

Die einen sagen, es kommt auf die richtige Zahnbürste an (das sagen vor allem die Zahnbürstenverkäufer), die anderen sagen, es kommt auf das richtige Putzen an. Wie auch immer. Es gibt verschiedene Arten, bei der Zahnbürste Müll einzusparen.

Zahnbürste mit Wechselkopf

Es gibt eigentlich keinen Grund, es nicht zu tun. Zahnbürsten mit Wechselkopf sind günstig, überall zu haben und verursachen deutlich weniger Müll.

Bei uns benutzen die Kinder diese Variante, weil es sehr kleine gibt, die für Kinder unter sechs Jahren geeignet sind.

Zahnbürste aus Holz

Zahnbürsten aus Holz werden meist aus Bambus hergestellt, ein hartes, wasserbeständiges, antibakterielles und schnell wachsendes Holz. Zudem braucht Bambus wenig Pestizide im Anbau.

In meinem Blog empfehle ich Zahnbürsten von Herstellern, die großen Wert auf umweltfreundlichen Anbau, Produktion und faire Arbeitsbedingungen legen. Einige Holzzahnbürsten besitzen kompostierbare Borsten, einige nicht. Hier darf nur der Bürstengriff im Biomüll landen.

Miswak-Zahnputzholz

Ein Stück Holz des »Zahnputzbaums«, mit dessen Fasern die Zähne geputzt werden können. Durch die Eigenschaften des Holzes werden weder Zahnpasta noch Wasser zum Putzen benötigt, es enthält von Natur aus Wirkstoffe, die der Gesundheit von Zähnen und Zahnfleisch förderlich sind.

Zu kaufen gibt es Miswak als naturbelassenen Holzstab (100 Prozent kompostierbar), jedoch leider meist in Plastikverpackung, oder als Zahnbürste mit Miswak-Wechselkopf (Aufsatz kompostierbar).

Rasieren

Jahrelang habe ich Unmengen für überteuerte Rasierklingen ausgegeben. Die wurden schnell stumpf, und es sammelten sich die abrasierten Haare zwischen den Klingen. Meine Haut war nach dem Rasieren total gereizt, entzündet, es bildeten sich kleine Pickelchen. Kein Wunder. Die Klingen, die so nah beieinandersitzen, sind ein idealer Nährboden für Keime.

Wir benutzen nun seit einigen Jahren einen Rasierhobel und sind sehr zufrieden. Er lässt sich nach der Benutzung leicht reinigen, sodass mein Mann und ich ihn beide benutzen.

→ Rasierhobel
   Ein Rasierer aus Edelstahl mit einfach austauschbarer Klinge. Es lohnt sich, einen vernünftigen zu kaufen. Wir haben unseren secondhand erstanden.
→ Rasierklingen
   Tipp: Wenn die Klingen auf einer Seite stumpf geworden sind, drehen wir sie einmal um, bevor wir sie austauschen.
→ Rasierseife
   Wir verwenden ganz simpel unsere Körperseife und schäumen sie auf den zu rasierenden Stellen auf. Alternativ gibt es Rasierseife auch in Papier verpackt zu kaufen.
→ Pflege nach der Rasur
   Einen Hauch von Öl in die noch feuchte Haut einreiben oder etwas Aloe Vera beimischen. Dafür steht bei uns ein Pflänzchen in Reichweite.

Deodorant

Natürliche Zero-Waste-Deodorants kommen ohne gesundheitsschädliche Aluminiumsalze, Konservierungsstoffe, Emulgatoren und künstliche Duftstoffe aus.

→ Alaun-Kristall
  Hält ewig, ist die günstigste Variante und oft gänzlich ohne Verpackung zu haben. Für uns hat er allerdings nicht so gut funktioniert.
→ Festes Deo
  Deo Bars mit lediglich einer Papierbanderole gibt es in Drogerien oder im Bioladen zu kaufen.
→ Deocremes im Glas
  Auf Geschäfte achten, die die Gläser zurücknehmen und wiederverwenden!
→ Selbst gemachte Deocreme
  Gelingt ganz einfach und ist unser Favorit (Seite 103).

Sonnenschutz

So wenig wie möglich, so viel wie nötig. Immer wieder habe ich mich mit anderen darüber ausgetauscht, wie Sonnenschutz als Zero Waste funktioniert. Mein Mann, unsere Kinder und ich haben sehr helle und sonnenbrandgefährdete Haut. Selbst mit LSF 50 können wir nicht den ganzen Tag in der Sonne rumspringen. Wir befolgen die üblichen Maßnahmen und halten uns möglichst im Schatten oder Halbschatten auf, besonders während der Mittagssonne. Und benutzen Sonnencreme dann, wenn es wirklich nötig ist.

Unsere Kinder werden bei Sonnenschein und vor allem im Sommer grundsätzlich mit einem hohen Lichtschutzfaktor eingecremt. Sind sie im Kindergarten, habe ich keinen Einfluss darauf, wie viel Zeit sie in der Sonne verbringen, und auch sonst möchte ich ihren Bewegungsradius nicht noch mehr einschränken, als er das in der Stadt ohnehin schon ist, und sie auf dem Spielplatz in den Schatten verbannen.

Mittlerweile sind wir beim Sonnenschutz fündig geworden und verwenden *Alga Maris von Laboratoires de Biarritz.* Diese Bio-Sonnenmilch gibt es für Kinder und Erwachsene, und sie ist von den mikroplastik- und nanopartikelfreien Sonnencremes, die ich ausprobiert habe, die ergiebigste und angenehmste. Alle anderen waren klebrig, machten einen weißen Film auf der Haut und waren für den hohen Preis viel zu schnell aufgebraucht. Die Tuben von Alga Maris sind sortenrein und gut recycelbar.

Butterbean Organics bietet über den Onlineshop monomeer einen Sonnenstick aus Recyclingpappe an. Das Produkt ist geruchlos und toll auf der Haut, allerdings auch relativ teuer, und die Banderole mit Inhaltsangaben besteht aus Kunststoff, um ein Ablösen zu verhindern.

Wenn es wirklich ohne Verpackung sein soll, gibt es noch den Sunblock von Lush. Allerdings ist er mir für unsere vierköpfige Familie auf die Dauer zu teuer und gerade mit Kindern zu aufwendig in der Handhabung, weil man ihn beim Duschen auftragen muss.

Haare

Waschen
Für die Kopfhaut ist die Umstellung weg von herkömmlichen Shampoos noch krasser als für den Rest der Haut, denn sie hat ihre Funktion mit der Zeit völlig verlernt. Umso mehr sollte sie die Zeit bekommen, die sie braucht, um sich an eine andere Art des Haarewaschens zu gewöhnen. Idealerweise tastet ihr euch

langsam vor, beginnt erst mit biologischem Shampoo ohne Silikone, die auch in Großpackungen erhältlich sind, und probiert dann aus, was für eure Kopfhaut und euer Haar das Richtige ist.

Tipp: So wenig wie möglich verwenden!

Natron

Eignet sich besonders gut zu Beginn der Umstellung, um einmal alle Silikone aus dem Haar zu waschen.

Für die Anwendung etwas Natron in warmem Wasser auflösen. Auf die Kopfhaut bringen, nicht bis in die Haarspitzen (hellt die Haare auf). 20 Minuten einwirken lassen. Danach mit 1–2 EL verdünntem Apfelessig oder Zitronensaft spülen.

Roggenmehl

Fein gemahlenes Roggenmehl (kein Vollkorn!) mit Wasser anrühren und in die Kopfhaut einmassieren. Ich mag es sehr gerne, durch das frische Anrühren braucht man aber etwas länger.

Waschnüsse/Kastanien/Avocadokerne

Mit warmem Wasser aufgießen, etwas ziehen lassen und die Nüsse bzw. Kerne entfernen. Die Haare mit dem Sud spülen und etwas davon in die Kopfhaut einmassieren.

Feste Haarseife und -shampoo

Beides gibt es in Drogerien, Bioläden und Onlineshops. Festes Shampoo ist unser Favorit.

Damit sie lange halten, sollten sie nach Benutzung schnell trocknen. Dafür eignen sich sehr gut Seifenhalter mit Magnet oder Haken, wie einige Seifenhersteller sie anbieten.

Spülungen

Molke
Eine Molkespülung pflegt die Haare und macht sie superweich.

Saure Rinse
Besonders nach dem Waschen mit Natron empfehlenswert oder um Seifenrückstände auszuwaschen.

Dafür 1–2 EL Apfelessig oder verdünnten Haushaltsessig mit möglichst kaltem Wasser mischen und die Haare damit spülen.

Kräuterspülung
Es gibt eine Vielzahl von Kräutern, die man im Garten oder beim Spaziergang findet und die sich für eine Haarspülung eignen. Eine Auswahl findet ihr unten. Die Spülungen werden wie Tee mit heißem Wasser aufgegossen.

Ich mache mir immer einen Vorrat für zwei Wochen (1 Liter Wasser, 3–4 TL Kräuter), lasse den Sud 30 Minuten ziehen und fülle mir zum Haarewaschen ein Glas ab, das ich mit lauwarmem Wasser im Verhältnis 1:1 mische.

Meine Lieblingskombi ist übrigens Brennnessel, Grüner Tee & Kamille. Manchmal kommt noch ein Spritzer Teebaumöl dazu. Dank Hormonchaos nach zwei Schwangerschaften habe ich trockene, schuppige, sensible Kopfhaut und weniger Haare als früher. Diese Kombi macht die Haare glänzend, superfluffig und beruhigt die Kopfhaut.

→ Birkenblätter
  Gegen Schuppen, bei fettigem Haar und gegen Haarausfall.
→ Brennnessel
  Bringt Glanz, stärkt die Kopfhaut, gegen Schuppen und Haarausfall.
→ Gänseblümchen

Gegen Schuppen bei normalem und fettigem Haar.
- → Grüner Tee
  Gegen Schuppen, beruhigt die Kopfhaut, entzündungshemmend.
- → Kamille
  Für trockenes Haar, gegen Schuppen, entzündungshemmend.
- → Kapuzinerkresse
  Gegen Entzündungen, fördert die Durchblutung der Kopfhaut, gegen Schuppen.
- → Lavendel
  Bei fettigem und geschädigtem Haar.
- → Melisse & Minze
  Gegen schnell fettendes Haar und gegen Schuppen. Bringt Frische.
- → Ringelblume
  Bei kaputtem und trockenem Haar, gegen Entzündungen und Trockenheitsschuppen.
- → Rosmarin & Thymian
  Gegen Schuppen bei normalem und fettigem Haar.

Toilette

Spülung

Konventionelle Toilettenspülungen verbrauchen neun Liter pro Spülgang. Das macht bei einer vierköpfigen Familie etwa 65.000 Liter bestes Trinkwasser, die pro Jahr ins Klo fließen.

Ein Sechs-Liter-Spülkasten mit Drei-Liter-Spartaste verbraucht weit weniger als die Hälfte. Allerdings ist das sinnlos, wenn die Spülung nichts taugt. In unserer letzten Wohnung bedeutete das Sparen, dass das Klo einfach nicht richtig spülte und jede Woche mindestens einmal verstopft war.

In Kombination mit einer geeigneten Toilettenschüssel kann der Verbrauch noch mehr gesenkt werden. Unsere aktuelle Toilette braucht nur 4,5 Liter und hat eine spezielle Spülung, die alles mitnimmt.

Die Investition für einen sparsamen Spülkasten ist bei vier Personen übrigens durch den geringeren Wasserverbrauch schon nach eineinhalb Jahren wieder eingespart. Kann der Spülkasten nicht ausgetauscht werden, gibt es noch die Möglichkeit, eine Spartaste nachzurüsten oder einen geeigneten Gegenstand in den Spülkasten zu legen, sodass weniger Wasser hineinläuft.

Toilettenpapier

Toilettenpapier = Baum. Wir fällen für alles Mögliche Bäume, doch dass wir das tun, um uns den Hintern abzuwischen, ist einfach schräg. Früher habe ich nicht darüber nachgedacht, heute ist es keine Frage mehr, dass ich nur Recyclingpapier = kein Baum kaufe.

Es gibt die Alternative Bambus-Toilettenpapier, das häufig in Papier statt Plastik eingeschlagen ist. Ich habe sie bisher nicht ausprobiert, weil die Qualität von Recyclingpapier mittlerweile sehr gut ist.

Für mich macht es nicht so viel Sinn, Bambus-Toilettenpapier online mit zusätzlicher Verpackung zu bestellen, denn auch wenn Bambus ein ökologisch einwandfreies Holz ist, wird viel Anbaufläche benötigt, und es werden neue Ressourcen verbraucht, die für andere Produkte einsetzbar sein könnten.

Altpapier hingegen ist en masse vorhanden, der Energieaufwand ist einfach deutlich niedriger, und nein, Recyclingklopapier wird nicht aus altem Klopapier gemacht!

Feuchtes Toilettenpapier
Nein. Nein. Definitiv nein.

Feuchtes Toilettenpapier verstopft die Abwasserrohre und gehört nicht in die Toilette. Auch wenn die Hersteller etwas anderes auf die Packung schreiben. Das »Papier« ist in der Regel aus Kunststoff und mit allerlei chemischen Zusätzen versehen.

Alternative: Recyclingpapier mit Wasser anfeuchten und wischen. Papier aus Frischfasern reißt in der Regel schneller.

Papierfreie Reinigung
Der Großteil der Weltbevölkerung würde die Nase rümpfen, dass wir uns mit einem Papier den Po abwischen. Wer bitte putzt sich die Hände mit einem trockenen Tuch ab und glaubt, sie seien danach sauber? Jeder Arzt, der beruflich mit dem Allerwertesten zu tun hat, empfiehlt eine Reinigung mit klarem Wasser.

Bidet-Handbrause
Die Handbrause sieht ähnlich wie eine Duschbrause aus, nur hat sie einen kleineren Duschkopf und mehr Druck auf der Düse. Bei einer Renovierung lässt sich sehr einfach ein zusätzlicher Wasseranschluss neben der Toilette montieren. Alternativ kann die Brause an der Wasserzuleitung des Waschbeckens oder des Toilettenspülkastens mit einem Schlauch angeschlossen werden.

Die Handbrause eignet sich auch gut, wenn Stoffwindeln doch mal ausgewaschen werden müssen.

Handdusche
Eine Art Wasserflasche aus Kunststoff, die durch Druck mit der Hand Wasser rausspritzt. Die Reinigung ist ohne Wasseranschluss und auch auf Reisen möglich.

Die Handdusche eignet sich gut zum Vorspülen und für die weibliche Monatshygiene.

Bidet-Toiletteneinsatz
Lässt sich an nahezu jedem WC zwischen Toilettenbrille & -schüssel montieren. Eine gute und günstige Alternative zu teuren Bidet-WCs, die schnell mal vierstellig kosten.

Rezepte

Ich liebe Zero Waste, weil man sich einfach so gut selbst helfen kann und nicht extra in die Drogerie rennen muss.

Ein Großteil der Zutaten für diese Rezepte dürfte bei den meisten im Küchenschrank stehen. Apotheken mit eigenem Labor oder Naturkosmetikgeschäfte mit DIY-Abteilung haben oft die Möglichkeit, Zutaten in mitgebrachte Behälter abzufüllen oder ihre Behälter zum Neubefüllen zurückzunehmen. Andernfalls gibt es vieles im Bioladen oder im Unverpacktladen zu kaufen – in Ersterem zwar in der Regel nicht ohne Verpackung, jedoch ist es auf die Menge gesehen weit weniger Verpackungsmüll als bei konventionellen Produkten, und ihr wisst genau, was drin ist.

Auch hier habe ich bewusst auf einfache, schnelle Rezepte mit wenig Zutaten geachtet, die mit einer durchschnittlichen Küchenausstattung problemlos herzustellen sind.

Wichtig: Naturkosmetik braucht Sauberkeit, da wir ohne Konservierungsstoffe arbeiten.

Basics

Lippenpflege mit Bienenwachs

Bienen sind für die Bestäubung unserer Nahrung extrem wichtig, ihr ökonomischer Nutzen liegt global bei 265 Milliarden Euro, die Landwirtschaft wäre ohne Bienen nicht dieselbe. Da seit Jahren ein weltweites Bienensterben im Gange ist, bin ich der Meinung, dass ein Konsum von Bienenerzeugnissen wie Wachs und Honig einen Teil zum Schutz der Bienen beiträgt.

Bienenwachs sollte immer in zertifizierter Bio-Qualität verwendet werden. Oft findet sich auf dem Wochenmarkt auch ein Bio-Imkerstand.

Zutaten
- → 1 EL Bienen- oder pflanzliches Carnaubawachs
- → 1 TL Kokosöl
- → 1 EL Mandel-, Oliven- oder Sesamöl
- → ätherisches Öl, zum Beispiel Rosmarin, Lavendel nach Belieben

So geht's
Wachs und Öle in eine kleine Schüssel geben und ins Wasserbad stellen. Erwärmen, bis das Bienenwachs sich aufgelöst hat und umrühren. Schüssel raus aus dem Wasser nehmen und je nach Wunsch ein paar Tropfen ätherisches Öl einrühren. Die fertige Lippenpflege direkt in kleine verschließbare Behälter umfüllen.

Deodorant

Ich hätte nie gedacht, dass ich mal eine Deocreme benutzen würde, aber tatsächlich sind wir total begeistert davon. Im Gegensatz zu einem gekauften Deostick kann die Creme aus dem Glas auch von allen Familienmitgliedern benutzt werden.

Die ätherischen Öle unterstützen den Deoeffekt.

Zutaten
- 1 TL Bienen- oder Carnaubawachs
- 2 EL Kokosöl
- 1 EL Speisestärke
- 1 EL Natron
- 3 Tropfen ätherisches Salbeiöl (oder halb-halb mit Teebaumöl)
- 5–10 Tropfen ätherisches Rosmarin oder Limettenöl

So geht's
Wachs mit Kokosöl in einer kleinen Schale im Wasserbad vollständig schmelzen. Speisestärke mit Natron mischen und in das Kokosöl gut einrühren. Erst dann die Schale aus dem Wasserbad nehmen und weiterrühren, damit sich die Zutaten nicht wieder trennen. Währenddessen die ätherischen Öle zugeben und die Masse in gut verschließbare Behälter füllen, bevor sie vollständig abgekühlt ist.

Zum Auftragen einfach ein wenig auf den sauberen Finger geben und auf der Haut verteilen.

Badesalz & Körperpeeling

Dieses Salz kann sowohl für die Wanne benutzt werden als auch, um sich unter der Dusche damit zu peelen.

Zutaten
- 1 TL Lavendelblüten
- 1 EL getrockneter Rosmarin
- 50 g naturbelassenes Salz (Steinsalz oder Tiefensalz aus Natursole)
- 1 EL geriebene & getrocknete Zitronenschale
- ½–1 EL Oliven-, Mandel- oder Jojobaöl. Achtung: Olivenöl ist geruchsintensiv
- 5 Tropfen ätherisches Zitronenöl oder etwas Zitronenextrakt (Seite 62 und 63) nach Belieben
- 3 Tropfen ätherisches Rosmarinöl nach Belieben

So geht's
Lavendelblüten und Rosmarinnadeln zwischen den Handflächen etwas zerreiben und mit Salz und Zitronenschale mischen. Das Öl hinzugeben und untermischen. Dann die ätherischen Öle, wenn gewünscht, unterrühren und alles in einem geschlossenen Glas aufbewahren.

Einen Esslöffel zum Badewasser direkt in die Wanne geben oder in ein kleines Säckchen oder Teesieb füllen.

Als Peeling etwas auf die Hand nehmen und vorsichtig die gewünschten Körperstellen damit einreiben. Abspülen.

Molkebad

Zutaten
- 50–100 ml Molke, frisch oder tiefgefroren aus dem Rezept für Frischkäse (Seite 59)
- 3–5 Tropfen ätherisches Kamillenöl oder 1 EL getrocknete Kamille/Kamillentee
- 3–5 Tropfen ätherisches Melissenöl oder 1 EL getrocknete Melisse

So geht's
Die Zutaten sorgfältig verrühren und gleich zum Baden verwenden. Es darf natürlich experimentiert werden, was die Düfte und Kräuter betrifft, oder man lässt sie gleich weg.

Zahnpulver

Zutaten
- → 2 EL Calcium carbonicum (aus der Apotheke)
- → 1 EL Birkenpuderzucker (online, Apotheke oder Supermarkt)
- → 3–5 Tropfen ätherische Öle, wie Pfefferminze
- → max. 1 Tropfen Teebaumöl

So geht's
Das Pulver mischen und eine kleine Menge der ätherischen Öle zugeben. Gerade Teebaumöl ist sehr intensiv und sollte sparsam eingesetzt werden, ich lasse es wegen der Kinder einfach weg.

Zum Putzen entweder mit einem kleinen Löffel etwas Pulver auf die Zahnbürste geben oder die feuchte Zahnbürste in das Pulver dippen.

Make-up

Bei dem Versuch, Abfall zu reduzieren und Make-up selbst zu machen, habe ich bisher einiges ausprobiert. So richtig zufrieden war ich jedoch nicht. Ich hatte schon immer ein etwas unregelmäßiges Hautbild, und mein Tages-Make-up muss einiges aushalten. Ich fahre täglich und bei fast jedem Wetter Fahrrad, bin viel unterwegs, und mit zwei kleinen Kindern habe ich ständige Schmuse-Action, Tränen, dreckige Patschehändchen im Gesicht. Mein Make-up soll den ganzen Tag möglichst vorzeigbar aussehen, ohne dass ich mich zwischendurch nachschminken oder kontrollieren muss, ob noch alles sitzt.

Deshalb bin ich größtenteils wieder davon abgekommen, es selbst zu machen. Um ein gutes und dauerhaftes Ergebnis zu erzielen, werden so viele Zutaten nötig, die nicht unverpackt zu bekommen sind, dass es für mich nichts mehr mit Zero Waste zu tun hat, sondern mit DIY-Naturkosmetik. Ein tolles Feld, denn es ist einfach ein gutes Gefühl, genau zu wissen, was drin ist, aber für mich nicht zielführend.

Je nachdem, wie häufig und aufwendig die eigene Schminkroutine ist, hält Make-up relativ lange, bei mir zwischen einem Dreivierteljahr bis einem Jahr.

Für Zero Waste finde ich es vor allem entscheidend, nicht jeden Trend mit neuen Produkten auszuprobieren, sondern sich zu überlegen, was zum eigenen Typ passt. Und im Fall der Fälle die Möglichkeit zu nutzen, einen neuen Farbton im Laden zu testen und probezutragen. Meine Testphase ist schon länger vorbei, und ich bin in den 20 Jahren, die ich mich nun schminke, immer wieder zu »meinem« Ton zurückgekehrt.

Es gibt ein paar Brands, die Nachfüllpackungen anbieten. Diese sind allerdings größtenteils in Onlineshops erhältlich, und manchmal ist es sinnvoller, sich zum Beispiel die Lieblingsmascara alle paar Monate einfach zu kaufen, anstatt eine andere, nur weil sie eine bessere Verpackung hat, online zu bestellen und dabei zusätzlichen Verpackungsmüll zu produzieren.

Wenn ich etwas Bestimmtes suche, schaue ich online auf den Secondhand-Plattformen, ob es von privat angeboten wird. Das ist günstiger, und meist sind die Produkte komplett unbenutzt. Auch eine Tauschparty unter Freundinnen ist eine gute Möglichkeit.

Meine Make-up-Routine
- → Flüssige Foundation
  Zum Ausgehen, für Fotoshootings, Termine. Mit den Fingern auftragen und verteilen.
- → Concealer
  Für Augenringe und Unreinheiten. Direkt auf die Haut auftragen und mit einem Finger verreiben.
- → Deckendes mattierendes Puder
  Für den Alltag und über der Foundation. Mit einem waschbaren Wattepad oder Pinsel auftragen.
- → Lidschatten
  Mit einem schmalen Pinsel oder mit der Fingerkuppe auftragen. Mein brauner Lidschatten lässt sich auch für die Augenbrauen verwenden.
- → Kajal
  Abends zum Ausgehen. Als Stift aus Holz zum Spitzen direkt auf die Haut auftragen.
- → Wimpernzange
  Aus Metall, mit austauschbaren Silikon-Polstern.
- → Wasserfeste Mascara
  Nur wasserfeste Mascara hat den Effekt, den ich möchte, und ich verwende hier eine konventionelle. Zwei Naturkosmetikfirmen bieten derzeit wasserfeste Mascara an, und ich werde sie testen, sobald meine leer ist.
- → Lippenstift
  Hier brauche ich immer noch die Reste auf.

Wer Make-up sparsam einsetzt und seine Basics farblich gefunden hat, ob alleine oder mithilfe von Farbberatung und anderen Profis, gewinnt einen besseren Überblick über die Kosten und kann möglicherweise in teurere und bessere Produkte investieren.

Abschminken

Meistens tut es hier die Körperseife. Da ich eine wasserfeste Wimperntusche benutze, brauche ich allerdings eine Öl-Basis. Ich habe früher einiges probiert und richtig viel Geld ausgegeben. Ergebnis: geschwollene, brennende Haut um die Augen. Es gab genau ein Produkt, das meine Haut vertrug.

Mittlerweile benutze ich Oliven-, Mandel- oder Kokosöl, von dem ich eine kleine Menge mit den Fingerspitzen vorsichtig über das Augen-Make-up reibe und es dann mit warmem Wasser und gegebenenfalls etwas Seife abwasche. So kann ich mir auch im Reisegepäck ein zusätzliches Produkt sparen.

Kosmetikpads

Seit ich sie nicht mehr benutze, vermisse ich sie auch nicht. Ich habe zwei waschbare Pads zum Auftragen meines Puders, selbst genäht aus kaputten Hotelhausschlappen. Es gibt sie von verschiedenen Firmen auch fertig zu kaufen.

Wattestäbchen

Haben im Ohr nichts zu suchen, werden von vielen aber auch gerne als Schminkhilfe benutzt. Mir fehlen sie überhaupt nicht. Das Ohr hat sich nach einiger Zeit, in der ich mit einem feuchten Tuch vorsichtig den Rand gereinigt habe, regeneriert und produziert nur noch so wenig Schmalz, dass man es außen nicht sieht.

Als Schminkhilfe nehme ich stattdessen meinen sauberen Finger oder ein waschbares Wattepad. Alternativ gibt es mittlerweile fast überall kompostierbare Wattestäbchen aus Recyclingpappe.

Selbst gemachte Make-up-Basics
Die folgenden Rezepte gelingen supereinfach und sind einen Versuch wert.

Loser Puder

Zutaten
→ 1 gehäufter TL Stärke (Mais oder Pfeilwurzel)
→ 1 gehäufter TL Kakaopulver
→ etwas Heilerde

So geht's
Mischen und eventuell die Mengen etwas variieren, bis es zum Hautton passt. In einen niedrigen, breiten Behälter mit Deckel füllen, aus dem ihr das Puder mit einem breiten Pinsel leicht entnehmen könnt.

Lidschatten
Unbedingt auf Verträglichkeit testen, und zwar nicht kurz vor einer wichtigen Verabredung. Die Haut um die Augen reagiert sehr empfindlich, wenn ihr etwas nicht passt.

Zutaten
→ ½ TL Piment
→ ½ TL Kakao
→ 1 Prise Kurkuma (nach Belieben)

So geht's
Zutaten mischen, bis der gewünschte Farbton erreicht ist. Wer gerne etwas Schimmer möchte, fügt Mica hinzu. Dieses natürliche Gesteinspulver glitzert und ist superergiebig. Erhältlich in Geschäften, die Naturkosmetik-Bausteine anbieten.

In einem gut verschließbaren Behälter aufbewahren und mit

der Fingerkuppe oder einem Pinsel auftragen. Hierfür auf die Haut etwas Arganöl oder Wasser geben, damit es besser haftet.

Rouge
So wie Oma früher: in die Wangen kneifen. Der Ton, der dabei entsteht, passt perfekt zum eigenen Hauttyp.

Frauenpower

Während der Reisevorbereitungen auf Indien hörte ich erstmals von einer Menstruationstasse. Orlando und ich fanden das lustig, aber es war mir irgendwie suspekt, und ich habe trotzdem lieber über Monate eine Strichliste geführt, wie viele Tampons in welcher Größe ich pro Zyklus durchschnittlich verbrauche, um einen passenden Vorrat in den Rucksack zu packen – und am Ende doch noch ein übertreuertes Päckchen in Mumbai zu kaufen. Und das, obwohl mir schon meine Frauenärztin immer wieder empfohlen hatte, auf Stoffbinden oder eine Tasse umzusteigen. Nicht aus Kosten- oder Umweltschutzgründen, sondern weil sich durch die üblichen Binden ebenso wie durch Tampons die Scheidenflora verändern kann und Infektionen dadurch begünstigt werden. Bei Tampons besteht zudem ein erhöhtes Risiko, am seltenen, aber lebensgefährlichen Toxischen Schocksyndrom zu erkranken.

Ekelfaktor
Für manche ist die Vorstellung, eine Menstruationstasse zu benutzen, unüberwindbar – und gerade was die Periode betrifft, ist der Wohlfühlfaktor extrem wichtig. Deshalb würde ich einfach die Mehrwegvarianten ausprobieren und schauen, ob es für einen selbst passt.

Allerdings finde ich zum Beispiel die auswaschbaren Schwämmchen nicht besonders hygienisch, weil sie einfach zu viel Auflagefläche für Keime bilden.

Binden mit Kunststofflagen sind idealer Nährboden für Bakterien. Kein Wunder also, dass es irgendwann anfängt zu riechen. Die Hersteller der Binden wollen uns dann weismachen, dass wir Frauen stinken, und uns Binden mit chemischen Düften verkaufen. Das finde ich einen echten Ekelfaktor.

Wer sich allerdings davor ekelt, seine Stoffbinden zu waschen oder die Menstruationstasse auszuspülen, dem empfehle ich ein entspannteres Verhältnis zum eigenen Körper. Das hatte ich auch nicht immer. Aber seit ich Schwangerschaft und Geburt erlebt habe, bin ich deutlich lockerer geworden mit dem, was mein eigener Körper so fabriziert.

In unserem Leben geben wir etwa 2000 Euro für Tampons und Binden aus, von den Unmengen an Müll ganz zu schweigen.

Menstruationstasse

Ich war anfangs sehr skeptisch, und vielleicht hätte ich es nie ausprobiert. Doch dann kam mit einer Onlinebestellung zufällig ein Cup ins Haus (das Teil hatte einen kleinen Produktionsfehler und wurde mir sozusagen als Probe mitgeschickt). Also probierte ich es aus und bin nach mehreren Jahren Nutzung nach wie vor begeistert. Nach Hugos Geburt bin ich auf eine andere Größe umgestiegen und benutze seitdem den RubyCup, weil mich deren Engagement für afrikanische Mädels begeistert.[27]

Besonders mit zwei kleinen Kindern kann ich nicht mal eben zur Toilette rennen, wenn wir unterwegs sind. Eine geeignete Menstruationstasse macht das auch unnötig. Sie kann bis zu zwölf Stunden sitzen bleiben, nimmt viel mehr Flüssigkeit auf als ein Tampon, und bei den schwächeren Tagen muss man nicht zwingend auf eine andere Größe umsteigen.

Außerdem: Wenn man sie einmal dabeihat, kann man sie nicht vergessen. So fällt die lästige Suche nach freundlichen Tampon-Spendern weg. Und man braucht nicht extra eine Tasche, um die Dinger diskret zu transportieren.

Auch finde ich, es macht deutlich weniger »Sauerei« als das Wechseln von Tampons, weil das Blut sich nicht überall verteilt, sondern im Cup sammelt, der dann in die Toilette geleert wird.

Ein Menstruationscup kostet zwischen 15 und 30 Euro.

Meist braucht es, so wie damals mit Tampons, zwei bis drei Zyklen, bis alles klappt. Am besten ausprobieren, wenn man entspannt ist und die nötige Ruhe hat.

Was die Hygiene betrifft: Da man in der Regel unterwegs nicht wechseln muss, ist das kein Problem. Zu Hause kann der Cup unter fließendem Wasser abgewaschen werden. Unterwegs kann man dafür auch etwas Toilettenpapier verwenden. Am Ende der Periode wird er abgekocht und für den nächsten Monat im Stoffbeutel aufbewahrt.

Monatsbinden

Auch hier hatte ich eine gewisse Skepsis, die ich aber nach dem positiven Erlebnis mit dem Menstruationscup überwunden habe. Ich finde es deutlich angenehmer, eine Binde aus weicher Baumwolle zu tragen als die Einwegbinden aus Plastik.

Besonders nach meinen Geburten war ich so dankbar für diese Option. Ich habe damals aufgrund der Menge an Binden, die in den Tagen nach der Geburt gebraucht werden, sowohl Einweg- als auch Mehrwegbinden genutzt und die Stoffeinlagen immer herbeigesehnt, wenn sie gerade in der Wäsche waren.

Die Investition in Stoffbinden ist höher als in eine Menstruationstasse. Für diejenigen, die sich mit Binden wohler fühlen, empfehle ich ein Paket mit verschiedenen Größen zum Ausprobieren (etwa 25 bis 30 Euro) oder alternativ das Selbernähen, was aber natürlich Zeit und Können voraussetzt.

Periodenunterwäsche

Mittlerweile mein Lieblingsbackup zum Cup, gerade unterwegs und zum Fahrradfahren und Sport. Da kann nichts verrutschen oder zwicken und sie können einfach mit in die Wäsche gegeben werden. Außerdem gibt's schöne Modelle für's Schönfühlen während der Tage.

Free Bleeding

Ups, da stoßen die meisten Frauen sicher an ihre Grenzen. Und auch in meinen Alltag mit Fahrradfahren und Kindern ist es nur bedingt integrierbar.

Free Bleeding bedeutet, in regelmäßigen Abständen auf die Toilette zu gehen. Menstruationsblut kommt meist schubweise und bei Bewegung. Außerdem kann die Blutung eine Zeit lang eingehalten werden, indem die Beckenbodenmuskulatur angespannt wird. Es ist sicherlich die Methode, die am verträglichsten für den eigenen Körper ist und, auch in Kombination mit einer Binde, durchaus eine gute Variante fürs Homeoffice oder generell Tagesabschnitte, die nicht so bewegungsreich sind.

Gesundheit

Verhütung

Wer Liebeleien mit wechselnden oder zumindest nicht einem festen Partner hat, bei dem führt kein Weg am Kondom vorbei. Und die gibt es natürlich nicht zum Selbstabfüllen. In fast allen Biomärkten und Drogerien sind mittlerweile Fairstainability-Produkte erhältlich, die fair und umweltfreundlich produziert werden und dabei die Transportwege so kurz wie möglich halten. Es gibt sogar einen Hersteller, der „Ein Bums, ein Baum" verspricht, wir können also beim Vögeln die Welt retten. Oder so.

Es gibt Verhütungsmethoden, die sich sehr gut für einen Zero-Waste-Lebensstil eignen. Ich verzichte hier bewusst auf hormonelle Varianten, weil sich in der Vergangenheit zeigte, dass damit einige Gesundheitsrisiken einhergehen. Allerdings sind sie ein einträgliches Geschäft für die Pharmaunternehmen, und alternative, langfristige und günstige Verhütungsmittel haben keine vergleichbare Lobby, weshalb sie weniger bekannt sind und kaum beworben werden.

NFP – Natürliche Familienplanung
Klingt erst mal wie das Gegenteil von Verhütung, eignet sich aber perfekt für Paare. Richtig angewendet ist sie so sicher wie die Pille, erfordert aber einen relativ routinierten Lebensstil.

Durch Messung der Aufwachtemperatur und Zervixschleimbeobachtung werden die fruchtbaren Tage bestimmt. Hierfür gibt es spezielle Basaltemperaturthermometer, die mit zwei Nachkommastellen bei der Anzeige die nötige Genauigkeit haben. Diese sind aus Kunststoff, aber auch ganz *old school* aus Glas gefertigt. Bei Letzteren darauf achten, dass sie kein Quecksilber enthalten, was heute aber auch kaum mehr üblich ist.

Es ist so ziemlich das günstigste aller sicheren Verhütungsmittel. Für mehr Informationen empfehle ich die entsprechende Literatur dazu.

Kupferspirale

Sie ist ein sehr sicheres Verhütungsmittel und wirkt mechanisch.

Nach dem Einsetzen können Unterleibsschmerzen auftreten, die jedoch meist nach wenigen Tagen vorbei sind.

Weil hier keine rechtzeitige Einnahme beachtet werden muss, ist die Spirale unter Realbedingungen sicherer als die Pille. Fünf Jahre wirksam.

Kupferkette (Gynefix)

Ähnlich wie die Kupferspirale, jedoch auch für sehr junge Frauen geeignet.

Nach drei bis fünf Jahren muss sie ausgetauscht werden. Die Gynefix ist in Deutschland noch nicht sehr verbreitet. Auf der Herstellerseite sind die Adressen der Gynäkologen verzeichnet, die sie einsetzen.

Medikamente

In Deutschland gibt es bei konventionellen Medikamenten relativ begrenzte Wahlmöglichkeiten, wenn es um reduzierten Verpackungsmüll geht. Vor allem bleiben auch haufenweise Pillen übrig, die nicht aufgebraucht werden. Das nervt mich eigentlich noch mehr als die Verpackung, aber Arzneimittelspenden von Privatpersonen sind aus verschiedenen Gründen in Deutschland meist nicht möglich.

Unseren Kindern versuchen wir bei Erkrankungen die Auszeit zu geben, die sie brauchen, um wieder auf die Beine zu kommen. Auch wenn das für uns Verdienstausfälle und Stress bedeutet. Wir sind heute so auf Leistung gepolt, dass wir manchmal Situationen dramatischer sehen, als sie wirklich sind.

Wenn ich dann durchatme und mich frage, was mir ganz persönlich in diesem Moment am wichtigsten ist, dann kann ich meist sehr klar antworten: »Mein Kind soll wieder gesund werden und zu Kräften kommen.«

Und dieses »zu Kräften kommen« ist ein entscheidender Punkt. Denn das passiert nicht durch Medikamente, egal, ob das nun »richtige« Schulmedizin oder homöopathische Globuli sind. Wer an die Wirkung glaubt, sollte auch Globuli nicht leichtfertig und bei jedem kleinen Kratzer geben. Denn das Kind lernt schon früh daraus: Es kann sich nicht selbst heilen. Es ist nicht stark genug. Es braucht die Hilfe von Medikamenten, von Pflastern, von Salben, um gesund zu werden.

Noch mal: Wenn es notwendig wird, rate ich dringend zu den angebotenen Medikamenten. Wenn dem Kind der Eiter aus den Ohren kommt, ist der Mittelohrentzündung weder mit Zwiebelpackungen noch Kuscheln beizukommen. Wenn die

Mittelohrentzündung sich an eine Grippe anschließt, ebenso wenig. Dann gehört das Kind in ärztliche Behandlung, und zwar schleunigst, sonst kann es nachhaltige Schäden davontragen. Ansonsten gilt für uns: »So wenig wie möglich, so viel wie nötig.«

Zudem ist es so, dass chronische Krankheiten gerne mit Pillen behandelt werden, um die Symptome zu bekämpfen, dabei ließen sich manche Erkrankungen durch einen anderen Lebensstil und gesündere Ernährung heilen. Diese Umstellung müssen Betroffene aber häufig aus eigenem Antrieb schaffen und selbst bezahlen. Ärzte, Pharmakonzerne und auch die Krankenkassen verdienen mit Kranken einfach mehr Geld als mit Gesunden.

Ruhe und Liebe

Neben ein paar Lieblingshausmittelchen, die ich euch im Folgenden näher vorstelle, gibt es für mich zwei unschlagbare Allheilmittel, die ich in meinen wilden Zwanzigern gerne durch Kombipräparate ersetzt und durch meine Kinder wiederentdeckt habe.

Ruhe – Wenn wir auf unseren Körper hören, können wir viel aus ihm lesen. Zum Beispiel, wenn wir krank werden. Dann brauchen wir Ruhe. Nicht immer in Form von Stille. Aber wir sollten versuchen, aus dem Hamsterrad auszusteigen. Wenn es nicht für Tage und Wochen geht, dann zumindest zeitweise.

Liebe – Auch die ist vielleicht nicht immer da. Zumindest nicht in Form anderer Liebender. Man kann wunderbar liebevoll mit sich selbst sein, in welcher Form auch immer einem das guttut und hilft, gesund zu werden.

Mein Sohn Kasimir hat öfter mal Husten. Ich schwöre auf selbst gemachten Hustensirup und unseren Erkältungsbalsam, doch manchmal verschafft weder das noch ein Apothekenprodukt Linderung. Bei nächtlichen Hustenattacken, die nicht enden wollen, hole ich ihn zu mir ins Bett, lege ihn auf meine Brust und versuche, ruhig und tief zu atmen. Es ist immer wieder faszinierend und schön, wie schnell der Hustenreiz sich dann beruhigt und Kasimir die restliche Nacht entspannt schlafen kann. Und auch sonst, wenn die Kinder krank sind, schlafen sie deutlich besser in unserer Nähe als in ihrem Zimmer. Noch ...

Wenn wir unseren Kindern und auch uns selbst, die wir es vielleicht über die Jahre hinweg etwas verlernt haben, das Urvertrauen geben, dass der Körper wahre Wunder vollbringen kann, sich selbst repariert und erholt, dann können wir uns viele gekaufte Medikamente einfach sparen.

Fieber

Fieber ist nie Ursache einer Krankheit. Fieber ist eine körpereigene Abwehrmaßnahme gegen eingedrungene Fremdorganismen. Besonders das kindliche Immunsystem hat Eindringlingen noch nicht so viel entgegenzusetzen – außer der Erhöhung der Körpertemperatur.

Wenn Fieber dauerhaft unterdrückt wird, leidet darunter das Immunsystem. Weil es sich um eine körpereigene Abwehrreaktion handelt, steigt Fieber in der Regel nur so hoch, dass die Erreger zerstört werden können.

Zudem sorgt Fieber meist dafür, dass Kinder und auch Erwachsene zur Ruhe kommen und nicht noch wild durch die Gegend tanzen. Wird allzu früh ein fiebersenkendes Mittel genommen, gibt der Körper das Signal: »Ich bin wieder fit.«

Es gibt bei Fieber natürlich Abstufungen.

Je jünger das Kind, desto früher muss eingeschritten werden. Bei Schmerzen macht eine medikamentöse Behandlung durchaus Sinn, um sich erholen zu können. Wenn der Zustand im Fieber einhergeht mit einer deutlichen Wesensveränderung, mit Nackensteife und mehr als einfach nur »Schlappsein«, sollte man unbedingt einen Arzt hinzuziehen.

Schnupfen

Ich erinnere mich noch an die Zeit, als ich bei Schnupfen wie *Rudolph the red nosed reindeer* aussah. Dann entdeckte ich das gute, alte Stofftaschentuch für mich, und die rote Nase ist seitdem passé.

Wir haben ein paar Tücher vom Flohmarkt, die Dinger liegen aber auch haufenweise noch in den Schubladen der Nachkriegsgeneration. Für die Schnupfensaison haben wir noch mal einen Stapel kleinerer Tücher, die ich aus einem alten Baumwollsatin-Bettlaken zurechtgeschnitten habe.

Sie kommen mit den Handtüchern in die Wäsche, brauchen dabei kaum Platz in der Maschine und trocknen schnell.

Rezepte

Hustensaft

Es gibt jede Menge Varianten – hier ist die, die unseren Kindern am liebsten und zudem supereinfach ist. Was die Menge betrifft, nehmen wir immer so viel, wie wir gerade zusammenbekommen. Am besten sollten die Kräuter frisch sein, es geht aber notfalls auch mit getrockneten.

Zutaten
- 4 EL Honig
- 1–2 EL Salbei
- 1 EL Rosmarin oder Thymian
- 1 EL Zitronensaft & -schale, wenn vorhanden
- etwas Zimt & 1 kleine Nelke oder ¼ TL Kardamom & ¼ TL Ingwer nach Belieben

Zubereitung
Alle Zutaten in ein Glas geben und ins Wasserbad stellen. Erwärmen (maximal 40 Grad) und etwa eine halbe bis eine Stunde ziehen lassen, dabei gelegentlich umrühren.

Wer länger Zeit hat oder einfach früh genug an die Erkältungszeit denkt, kann die Zutaten für vier bis sechs Wochen an einem kühlen Ort durchziehen lassen. Hier darauf achten, dass sie vollständig von Honig bedeckt sind.

Zur Aufbewahrung durch ein Sieb gießen oder die Gewürze und Kräuter mit einem sauberen Löffel entfernen.

Gesundheits-Booster
Diese beiden Kombis sind stark entzündungshemmend und wirken gegen Grippesymptome.
1. Zitrone und Ingwer. Am besten als Tee zubereiten und mehrmals am Tag trinken.
2. Kurkuma-Honig. 100 Gramm Honig mit 1 EL Kurkuma gut vermischen und in einem Schraubglas aufbewahren. Ein- bis zweimal am Tag 1 TL pur einnehmen oder in ein Glas warme Pflanzenmilch oder heißes Wasser einrühren.

Erkältungsbalsam
Herstellung wie Lippenbalsam (Seite 102). Statt der beim Lippenbalsam verwendeten ätherischen Öle können folgende Kombinationen verwendet werden.

- Jeweils 3 Tropfen Thymian, Myrte, Salbei (unser Favorit und besonders gut für Kinder geeignet)
- Eukalyptus, Fichtennadel (Verhältnis 1:2)
- Jeweils 3 Tropfen Eukalyptus, Kampfer, Menthol (keinesfalls bei Babys und Kleinkindern anwenden)

Wichtig: Die ätherischen Öle dürfen nicht unverdünnt auf die Haut aufgetragen oder gar eingeatmet werden.

Einschlafhilfe

Manchmal fällt es schwer abzuschalten. Neben einer kurzen oder längeren Yogaeinheit vor dem Schlafengehen liebe ich mein Kopfkissenspray.

Zutaten
- 20 ml Wodka oder abgekochtes, abgekühltes Wasser
- 5 Tropfen ätherisches Öl Lavendel
- 5 Tropfen ätherisches Öl Kamille
- 1–2 Tropfen ätherisches Öl Orange

Zubereitung

Die Zutaten in einen Zerstäuber füllen und vorsichtig schütteln. Ein paar Spritzer zum Einschlafen auf das Kopfkissen sprühen. An einem lichtgeschützten Ort aufbewahren.

Entspannend und schlaffördernd ist auch die Ölmischung zum Einmassieren in die Schläfen.

20 ml geruchsneutrales Öl (Jojoba- oder Mandelöl) mit ätherischen Ölen wie beim Kopfkissenspray mischen und in ein kleines Fläschchen geben. Vorsichtig schütteln. Vor dem Einschlafen sanft die Schläfen mit ein paar Tropfen der Mischung massieren.

Kaufen. Kaufen?

Sachen zu kaufen füllt nicht die Leere in uns. Wir werden nie satt.

Manchmal gibt es aber doch Dinge, die wir brauchen. Wenn ich etwas kaufe, dann am liebsten in kleineren Shops, die individueller auf meine Verpackungswünsche reagieren können, bei denen meist fairere Bedingungen in der Lieferkette und ein persönlicher Kontakt bestehen. Das betrifft die Dinge des täglichen Bedarfs ebenso wie alle anderen Produkte. Und ist im Ganzen gesehen oft gar nicht teurer.

Immer wieder begegne ich Menschen, die über ihre Konsumgüter Äußerungen machen wie »Also dieses eine Ding, das ich neulich gekauft habe, war unschlagbar günstig, wirklich ein super Preis. Als es dann geliefert wurde, na ja, ich muss schon sagen, es war ziemlich wackelig, nicht gerade gute Qualität und viel kleiner, als ich dachte …«, um dann ein paar Sätze später von diesem einen superschönen Teil zu erzählen, das handgefertigt war und gaanz toll, aber »wenn das nicht so doll reduziert gewesen wäre, ich hätte es nicht gekauft. Nee, der Preis wäre mir echt zu viel gewesen, ich meine, handgefertigt ja, aber das muss ja nicht gleich so teuer sein!«.

Wer Fehlkäufe vermeidet, dem bleibt mehr Geld, um in gute, langlebige, echte Qualität zu investieren.

Folgende Fragen können wir uns beim Kaufen stellen:
➔ Brauche ich das Produkt wirklich?
➔ Kann ich mit etwas Vorhandenem improvisieren?

→ Kann ich es mir bei Freunden oder Dienstleistern leihen?
→ Gibt es das Produkt in einer nachhaltigen, qualitativ hochwertigen Variante?
→ Ist es reparabel, von mir selbst, von einem Fachbetrieb, gibt es Ersatzteile?
→ Gibt es das gebraucht zu kaufen?
→ Finde ich das in meiner Nähe?
→ Gibt es das von kleineren Herstellern, die mehr auf Produktionsbedingungen achten und einen besseren, direkteren Service bieten?
→ Brauche ich das Produkt wirklich?

Viele Bedürfnisse erledigen sich von selbst. Früher bin ich immer dem ersten Kaufimpuls nachgegangen. Weil ich dachte, ich brauche das jetzt sofort. Weil es mir von außen suggeriert wurde. Weil ich nicht nachgedacht habe. Heute schreibe ich mir eine Liste und überprüfe von Zeit zu Zeit, ob die Dinge, die draufstehen, noch immer »gebraucht« werden.

Online kaufen

Auch wir bestellen Produkte online, meist Gebrauchtes, manchmal auch Neues. Auch hier können wir darauf achten, dass die bestellten Artikel keine zu großen Wege zurücklegen und von kleineren Firmen kommen. Es gibt viele Shops, die ihre Basis in Deutschland haben und dort Steuern zahlen, wo sie sitzen. Anders die großen Händler, die sich meist ihre Geschäftsadresse in Steueroasen wie Luxemburg oder Irland zulegen. So gehen den örtlichen Einzelhändlern der Umsatz und den Gemeinden die Steuereinnahmen verloren.[28] Das sollte man sich immer mal wieder bewusst machen.

Wer sich darüber ärgert, dass seine Gemeinde so wenig in

Infrastruktur, Instandhaltung, Kinderbetreuung, Umweltmaßnahmen, was auch immer investiert, der kann sich darüber informieren, was durch die Verlagerung der Einkäufe alles an Steuereinnahmen verloren geht.

Werbung

Von dem abgesehen, was wir wirklich brauchen, gibt es vieles, das uns die Werbung verkaufen will. Werbung begegnet uns überall und jederzeit, in den sozialen Medien noch viel subtiler und ständiger, Werbung taucht zwischen den Tweets unserer Freunde und Bekannten auf, als würde sie dazugehören. Wenn wir das erkennen und uns bewusst machen, können wir uns vor dieser Beeinflussung schützen.

Viel schwieriger wird es da bei unseren Kindern. Heute geben Firmen zwanzigmal so viel für Kindermarketing aus als in meiner Kindheit vor 30 Jahren,[29] dabei geht es um mehrere Milliarden Werbebudget im Jahr – allein in Deutschland. Früher wurden die Mütter angesprochen, heute richten sich Firmen direkt an die Kinder, weil Smartphone, Tablet, TV oder Lebensmittelverpackungen direkten Zugang zu ihnen ermöglichen. Die meisten Produkte, für die dabei geworben wird, sind Müll.[30] Schrottspielzeug, geschlechtsspezifisch und gewaltverherrlichend. Es gibt keinen Grund, Kindern das zuzumuten. Es hat keinen positiven sozialen Vorteil.

Aber sind die Kinder davon begeistert? Nun ja, vielmehr sind sie zu jung, um die Masche zu durchschauen,[31] nicht mal wir Erwachsenen schaffen das besonders gut. »Kinder sind wehrlose Opfer einer gierigen Profitwirtschaft«, sagt Frank Koschembar, ehemaliger Art Director in der Werbebranche und mittlerweile selbst Vater.[32]

Nur weil etwas beworben wird, ist es nicht automatisch gut.

Oft ist das Gegenteil der Fall. Wenn Firmen viel Geld in Marketing investieren können, haben sie es meist auch nötig, weil sie ohne Marketing nicht überzeugen könnten. Ihre Produkte sind auf maximalen Profit und hohe Verkaufszahlen ausgelegt. Ganz anders bei vielen kleineren Unternehmen, die geringere Margen haben und auf Qualität und Langlebigkeit der Produkte Wert legen.

Teilen, tauschen, weitergeben

Wir sind Jäger und Sammler. Diese Bedürfnisse sind ganz tief in uns verankert, wir können eigentlich gar nicht anders. Und weil wir unser Getier heute im Kühlregal oder beim Metzger kaufen und Pilze, Beeren und was wir sonst noch so früher gesammelt haben, ebenfalls ohne viel Aufwand verfügbar ist, müssen diese Bedürfnisse auf andere Weise befriedigt werden. So jagen wir heute also vermeintliche Schnäppchen und sammeln ... alles Mögliche. Vieles davon liegt aber dann einfach rum, staubt ein, und wir nehmen es allenfalls in die Hand, wenn wir wieder umziehen und unsere umfangreiche Sammlung in den Umzugskisten verstauen, die wir dann zwei Stockwerke nach unten schleppen, in den Umzugswagen laden, in die neue Wohnung fahren, um sie dort mit schon leicht wackeligen Beinen wieder hochzuschleppen und auszuräumen. Auf dass sie die nächsten Jahre wieder im Schrank oder Regal stehen. Bis zum nächsten Umzug. Vielleicht schaffen sie es auch nicht mal mehr in die Wohnung und fristen im muffigen Kellerverlies ein sinnloses Dasein. Oder in der Garage. 80 Prozent der Autos parken in Deutschland auf öffentlichem Grund. Ein Großteil deshalb, weil in der Garage kein Platz ist. Aber wenn die Dinge eben noch gut sind, kann man sie ja auch nicht einfach wegschmeißen. Oder?!

Tatsächlich war das bei uns lange Zeit der Knackpunkt. Bis

wir erkannt haben, dass es uns leichterfällt, etwas loszulassen, wenn wir wissen, dass es von anderen noch genutzt wird. Auch unsere Kinder haben das begriffen, und es fällt ihnen leicht, ungenutztes Spielzeug auszusortieren mit der Gewissheit, dass sich andere Kinder darüber freuen. Das Geld ist ohnehin weg, das man für das Teil ausgegeben hat, warum also nicht jemanden damit glücklich machen, statt es nur zu Hause rumstehen zu haben? Davon wird es schließlich auch nicht besser. Natürlich darf jeder auch in Nostalgie schwelgen und muss sich nicht von jedem Fitzel befreien, nur weil Minimalismus gerade angesagt ist. Man braucht aber auch nicht für den Atlas von 1974 noch händeringend einen neuen Besitzer suchen. Es ist okay, ihn einfach in die Papiertonne zu schmeißen, wenn kein Museum für Alltagsgegenstände aus der Vergangenheit Interesse bekundet. Oder jemand Briefumschläge daraus bastelt.

Möglichkeiten zum Teilen, Tauschen & Weitergeben
- → Sozialkaufhaus
- → Obdachlosenhilfe
- → Flüchtlingshilfe
- → Weihnachten im Schuhkarton
- → Regionale Facebookgruppen oder Freeyourstuff
- → Kleiderkreisel
- → Mamikreisel
- → saisonale Pflanzenbörsen
- → couchsurfing.org
- → frents.com und viele mehr

Nix nix nix

Es ist wirklich eine Herausforderung, dem Kaufimpuls nicht mehr nachzugeben. Aber es ist auch ziemlich verrückt, was sich in den letzten Jahrzehnten verselbstständigt hat. Wir können nicht genug bekommen. Wir streben nach Glück, Zufriedenheit, Gesundheit, vielleicht Erfolg. All das können uns die ganzen Sachen, die wir ständig kaufen, nicht geben. Für unser Glück brauchen wir nicht noch mehr tolle Sachen, mehr Autos, mehr Spielzeug, mehr billige Wegwerfartikel. Dieser Konsum, der uns nicht glücklich macht, nicht befriedigt, für den wir so viel arbeiten, weshalb wir zu wenig Zeit für Freunde und Familie haben ... Dieser Konsum zerstört unsere Lebensgrundlage, unsere Erde. Wenn wir uns ein Stück weit ausklinken, werden wir vieles, was wir meinen aufzugeben, nicht mal vermissen.

Kleidung

100 Milliarden Kleidungsstücke werden jedes Jahr produziert.[33] Kleidung, die im Schnitt sieben- bis zehnmal getragen wird, bevor sie im Müll landet.

»2015 waren die Treibhausgase der Textilindustrie höher als von Luft- und Schifffahrt zusammen.«[34] Es ist die zweitdreckigste Produktionskette nach der Ölindustrie.

Den Dreck in Bangladesch und Indien, die verseuchten Flüsse, der Salat, den man nur essen kann, wenn er in Jod eingelegt wurde – all das hängt zusammen. Für mich war das früher sehr abstrakt: So weit weg. Betrifft mich nicht. Ich kann ja eh nichts ändern. Erst als ich es selbst erlebte, begriff ich, wie unfassbar harmlos das Wort *dreckig* in diesem Zusammenhang ist. Was die Bilder im Fernsehen in der Realität bedeuten. Wie wenig die Branche sich schert um die Menschen, die mit ihrer Arbeitskraft das Fundament für die gesamte Modeindustrie bilden. Wie von staatlicher Seite – egal welchem Staat – nichts unternommen wird. Kein großes Modeunternehmen muss dafür geradestehen, was es der Natur und den Menschen am unteren Ende der Produktion antut. Kein Modeunternehmen muss Ausgleich leisten für verseuchte Erde, verseuchte Flüsse, verseuchte Arbeiterinnen.

2013 wurden in der Nähe von Bangladeschs Hauptstadt Dhaka 1135 Menschen bei dem Einsturz einer Textilfabrik getötet.[35] Dieses Unglück steht in Verbindung mit der Fast-Fashion-Industrie und hätte uns alle aufrütteln müssen. Zumal es nicht das einzige war und ist. Die Unternehmen, die diese

Wegwerfkleidung an uns verkaufen, haben nach dem Unglück Vereinbarungen getroffen: Sie fordern von Fabrikbesitzern Arbeitsschutzmaßnahmen und Mindeststandards, die diese vorweisen müssen. Ohne dass die Modeunternehmen mehr Geld für die Produktion bezahlen. Wir müssen uns bewusst machen: Damit wir möglichst viel und billig Kleidung kaufen können, sterben Menschen. Wir sind keine Gewinner, weil wir uns immer neue Kleidung leisten können. Wer gewinnt, sind die Unternehmen, die uns Glück, Erfolg, Schönheit mit ihren Produkten versprechen. Und uns damit das Geld aus der Tasche ziehen.

Das Jahr nach dem Unglück in Bangladesch war das profitabelste in der Geschichte der Modeindustrie.[36] Denn natürlich haben wir nie das Passende zum Anziehen. Und natürlich haben wir im Kleiderschrank jede Menge Sachen, die wir selten bis nie tragen. Schnäppchen, passt nicht, Feierabend.

Jeder Deutsche kauft 60 Kleidungsstücke pro Jahr.[37] So viel umfasst mein Kleiderschrank insgesamt. Heute. Vor zehn Jahren sah das bei mir noch ganz anders aus.

Ich habe Modedesign studiert, und schon während des Studiums ist mir die Nutzlosigkeit bewusst geworden. Die meisten Modedesigner arbeiten für eine der großen Marken. Jede Woche eine neue Kollektion, jahrzehntelang. Ich dachte damals über den Sinn nach, Kleidungsstücke zu entwerfen, die dann zu Zehntausenden oder Hunderttausenden produziert werden. Mich langweilte die Vorstellung, und ich fand diesen Überfluss wahnsinnig überflüssig. Deshalb arbeitete ich nach meinem Studium als Kostümbildnerin für Theater- und Filmproduktionen. Ich bin froh, damals nicht den anderen Weg eingeschlagen zu haben. Als Kostümbildnerin griff ich auf einen großen Fundus zurück und entwickelte meine Entwürfe so, dass ich viel mit Secondhandkleidung und umweltfreundlichen Stoffen arbeiten konnte.

Der jahrelange Fast-Fashion-Konsum wirkt sich leider auch auf den Gebrauchtmarkt aus, es findet sich manchmal sehr wenig hochwertige Vintagekleidung im Handel, vieles ist aus Synthetikfasern wie Acryl und Polyester und sieht so billig aus, wie es produziert wurde. Und bei uns in Deutschland landen nur die besten Altkleider im Secondhandladen. Etwa 90 Prozent der an Hilfsorganisationen gespendeten Kleidung landet auf Märkten in Entwicklungsländern.[38]

Aber selbst teure neue Kleidung ist teilweise von so schlechter Qualität, dass sie schnell kaputt geht. Bei einem relativ überschaubaren Kleiderschrank sind die Sachen manchmal schon nach einem Jahr völlig abgetragen. Warum? Es werden zunehmend die kurzen Ausschussfasern in der Garnherstellung verwendet. Das spart im ersten Schritt Abfall. Nur ist das Teil dann eben beim Endverbraucher bald in der Tonne.

Es geht nicht darum, den Spaß an der Mode zu verlieren, im Gegenteil. Kleidung, die uns nicht passt oder nicht steht, in der wir uns nicht gut und schön fühlen oder die schnell kaputt geht, sollte nicht den Weg in unseren Kleiderschrank finden.

Fakten und Tipps zum Kleiderkauf

> *Buy less, choose well, make it last. – Kaufe weniger, wähle bewusst und sorge dafür, dass es lange hält.*
>
> Vivienne Westwood

Chemikalien in Anbau und Produktion

Schon im Anbau von beispielsweise Baumwolle werden extrem viel Wasser und Pestizide eingesetzt. Ein Bio-Shirt ist zwar aus Biobaumwolle, aber oft mit herkömmlichen Chemikalien gefärbt und in herkömmlichen Sweatshops produziert. Die Arbeiter tragen meist keine Schutzkleidung, giftige Abwässer werden ungefiltert in die Flüsse geleitet. Die Chemikalien gelangen beim Tragen der Kleidung über unsere Haut in den Körper.

Textilien aus Hanf oder Bambus sind wesentlich umweltverträglicher, weil die Pflanzen anspruchslos und schädlingsresistent sind.

Textilabfälle im Fertigungsprozess

25 bis 45 Prozent der Stoffe werden in der Fertigung zu Abfall.[39] Sie fallen beim Zuschnitt an, durch Überproduktion, auch Garne und Knöpfe bleiben in Massen übrig. Ressourcen, Wasser, Energie werden sinnlos verschwendet.

Mittlerweile gibt es einige Marken, die diese Überhänge und Produktionsabfälle verwenden, um daraus neue Kleidung herzustellen, wie zum Beispiel das Modelabel *Reet Aus*.

Altkleider

»Jedes Jahr werden in Deutschland über eine Million Tonnen Altkleider in Altkleidercontainer und -sammlungen gegeben.«[40] Wie viel Kleidung im Hausmüll landet, ist unbekannt. Gleichzeitig tragen wir durchschnittlich 40 Prozent unserer Kleidung selten bis nie, also gehören auch die eigentlich zur Kategorie Altkleider. Macht noch mal locker zwei Milliarden Kleidungsstücke.[11] Was. Für. Ein. Müll!

Diese Massen können wir leicht reduzieren, indem wir nicht mehr wahllos konsumieren. Und indem wir möglichst secondhand kaufen. Oder neue Kleidung, die aus alter Kleidung hergestellt wird.

Einige Firmen machen genau das (Adressen im Anhang).

Sie nutzen aussortierte Kleider als Rohstoffquelle und sparen so in der Textilproduktion bis zu 100 Prozent an Ressourcen ein.

Recyclingfasern

Auf der Suche nach der ultimativen Lösung probiere ich immer wieder auch Stoffe aus recycelten Fasern. Es ist eine tolle Idee, aus Müll Kleidung herzustellen, und ich war ganz aus dem Häuschen, als ich meine ersten Strumpfhosen aus alten Fischernetzen gekauft habe. Die Qualität von Recyclingfasern ist dabei sehr unterschiedlich, Manches ist recht schnell durchgetragen, manches hält wiederum sehr gut.

Secondhand?! Urgh!

Kaufen wir nicht superökologisch, riecht neue Kleidung chemisch. Unsere Haut ist unser größtes Organ, wir geben viel Geld für ihre Pflege aus. Und dann bekleiden wir sie mit Stoffen, die jede Menge Gifte enthalten.

Bei Secondhandkleidung sind diese Stoffe meistens schon rausgewaschen. Und genauso wie neue Kleidung sollte auch sie nach dem Kauf einmal gewaschen werden. Für einen neutralen Duft vielleicht noch etwas Natron mit in die Maschine geben und zum Lüften nach draußen hängen.

Durch die Schnelllebigkeit der Mode heute finden sich auch secondhand viele Kleidungsstücke, die neu oder so gut wie neu sind, weil sie einfach nie getragen wurden (Adressen siehe meinen Blog).

Leihen statt kaufen

Als ich in Köln wohnte, bin ich regelmäßig zur Kleiderei nach Ehrenfeld gefahren und habe mich mit neuen Sachen eingedeckt. Die Kleiderei ist wie eine Bücherei, nur eben für Kleider. Egal, ob ich offizielle Termine hatte, einen Wochenendausflug nach Hamburg machen wollte oder einfach gerade mal Lust auf etwas Neues hatte ... Die Kleiderei war mein Neverending-Kleiderschrank und ist etwas, das ich in Wiesbaden hart vermisse. Die Kleiderei gibt es seit 2019 auch in Freiburg, weitere Städte in Planung.

Besonders für Anlässe wie Hochzeiten und andere Feste lohnt sich das Leihen, weil es einfach Spaß macht, auf den Erinnerungsfotos sämtlicher Partys nicht immer denselben Fetzen zu tragen.

Kleidertausch funktioniert auch super im Freundeskreis. Jeder hat doch irgendetwas im Schrank hängen, das nur für besondere Anlässe gekauft wurde und kaum getragen wird ...

Wohnen

Wohnfläche

Da ist so ein Impuls in vielen: sich zu vergrößern.

Wohnraum in den Städten wird immer knapper, trotzdem steigt der Raum pro Einwohner kontinuierlich an. Es gibt mehr und mehr Singlehaushalte, die im Schnitt etwa 70 Quadratmeter Wohnfläche bewohnen. Bei Senioren ist diese Zahl noch höher, denn viele bleiben in den großen Wohnungen und Häusern, in denen sie einst ihre Kinder aufgezogen haben. Wer neu baut, denkt häufig nicht an die Planung eines flexiblen Grundrisses, mit dem sich die Wohnfläche über die Jahre an den Bedarf anpassen lässt.

Dabei verbrauchen wir weniger Ressourcen beim Bau und beim Wohnen, je kleiner die Fläche ist.

Und je größer wir wohnen, desto mehr sammelt sich an. Dann brauchen wir noch ein Möbelstück, damit die Sachen besser verstaut werden können. Und so wird es mehr und mehr. Bei uns gab es in der letzten Wohnung plötzlich einen Moment, in dem wir umgedacht haben. In dem wir beschlossen haben, dass wir es diesmal anders machen: Eines Abends brach unser Büroschrank zusammen. Wir räumten alle Ordner aus und überlegten, wo wir einen Ersatz herkriegen könnten. Und plötzlich hatte ich eine Idee: »Ja, oder wir sortieren alles aus, was wir digitalisieren können oder nicht brauchen, und dann reicht uns vielleicht einfach der kleine, noch verbliebene Schrank aus?«

Der Impuls, uns permanent mehr Raum und Zeug anzueignen, scheint ein ureigenes und tief verwurzeltes Bedürfnis zu sein. Wir haben das Gefühl, es fehlt noch etwas, wir brauchen mehr Platz und sind nie wirklich komplett, satt und zufrieden.

Diesen Kreis zu durchbrechen ist eine Herausforderung und birgt dabei viele Chancen. Wenn wir es schaffen, sind wir in der Lage, unseren realen Bedarf an Wohnfläche zu erkennen.[42]

Und schließlich ist es auch so: Eine Wohnung oder ein Haus ist im Zentrum oft zu teuer. Außerhalb der Stadt wird aber dann ein Auto und vielleicht auch noch ein zweites nötig, weil die Wege mit dem Rad, zu Fuß oder per Bahn zu lange dauern. Wir müssen prüfen, ob die Zeit fürs Pendeln und die Mehrkosten durch zusätzliche Autos und längere Wege die geringeren Kosten für Eigentum oder Miete nicht wieder schlucken. Und was sich nun am ehesten lohnt und zu uns passt.

Licht am Ende des Tunnels

Vermutlich bei den meisten schon angekommen: Gibt eine Glühbirne oder Energiesparlampe den Geist auf, lohnt es sich doppelt, auf LEDs umzuschwenken. Sie verbrauchen vergleichsweise einen Bruchteil an Strom und halten deutlich länger, was wieder einiges an Ressourcen am Anfang und Abfall am Ende spart.

Für eine gute Leuchtleistung und lange Lebensdauer lohnt es sich, ein paar Euro mehr zu investieren.

Meine liebsten LEDs sind übrigens die, die aussehen wie eine echte klassische Glühbirne. Nicht nur aus optischen Gründen, sie machen für mich das angenehmste Licht.

Mc Solar

Ein klitzekleines bisschen Strom brauchen LEDs dann doch auch. Und der Kühlschrank. Die Waschmaschine. Laptop. Backofen. Mixer. Fernseher. Handy ...

Welche Möglichkeiten gibt es, selbst Energie zu erzeugen? Beim eigenen Haus oder auf dem Land steht theoretisch lediglich die Entscheidung an, ob Erdwärme, Solar, Wind oder alles zusammen genutzt werden soll.

Was aber passt bei einer normalen Mietwohnung?

Mobile Solarpanels

Sie brauchen keine Genehmigung und lassen sich auf dem Balkon oder an der Hauswand ganz einfach montieren. Der Strom wird über die Steckdose ins Hausnetz eingespeist, seit 2017 ist das auch in Deutschland endlich legal. So weit, so einfach.

Je nach Größe, Leistung und Sonneneinfall kann damit ein Teil des eigenen Stromverbrauchs aufgefangen werden. Die Zeitangabe, bis sich die Kosten amortisiert haben, geht zwischen Herstellern und Nutzern weit auseinander. Nach meinen Recherchen bin ich der Meinung, mobile/kleine Solarpanels lohnen sich für diejenigen, die autark leben möchten, also zum Beispiel in kleinen Häusern oder Wohnwagen.

Bürger-Energie-Genossenschaft

Für mich die bessere Variante. Wir alle können Genossenschaften beitreten, die den Ausbau erneuerbarer Energien voranbringen. Die Stärke dieses Modells liegt darin, dass zum Beispiel Solaranlagen effektiver und kostengünstiger werden, je größer sie sind. Es ist also sinnvoller, sich an einer Anlage zu beteiligen, die zum Beispiel auf dem Dach einer Sporthalle montiert wird, statt für sein kleines Eigenheim ein paar Solarmodule auf dem Dach zu montieren.

Die Website klimagen.de bietet eine Übersicht über verschiedene Genossenschaften

Geplante Obsoleszenz

Eigentlich könnten wir ewig und drei Tage unsere Alltagsgegenstände benutzen. Doch irgendwann gehen sie kaputt, neu gekaufte Sachen gerne auch kurz nach Ablauf der Garantiezeit. Und das ist kein Versehen.

Die Glühbirne leuchtete irgendwann nur noch 2000 Stunden, weil sich sämtliche Hersteller darauf verständigt hatten, eine Sollbruchstelle einzubauen.[43] Um mehr Glühbirnen zu verkaufen. Heute passiert das bei nahezu allen Geräten. Sie werden so konstruiert, dass sie nur begrenzt halten. Durch hohe Lohn- und Ersatzteilkosten lohnt sich eine Reparatur selten. Oder ist nicht möglich, weil viele Gegenstände heute nicht verschraubt, sondern gelötet und geklebt sind.

Wir stehen dem allerdings nicht völlig hilflos gegenüber. Es gibt immer wieder Hersteller, die Geräte so konstruieren, dass sie repariert werden können. Unser Laptop zum Beispiel ist verschraubt, sodass er im Fall der Fälle einfacher repariert werden kann.

In vielen Städten gibt es mittlerweile die bereits erwähnten Repair-Cafés und offene Werkstätten, wo Menschen sich zum Reparieren treffen und gegenseitig helfen können.

Außerdem ist es oft wirtschaftlicher, gebrauchte Geräte zu kaufen. Auch weil ältere Geräte und Produkte oft besser zu reparieren sind. Deshalb haben wir uns zum Beispiel bei unserem Standmixer für ein 30 Jahre altes Gerät entschieden, bei dem das Innenleben aus Metall statt Plastik ist und für das immer noch viele Ersatzteile erhältlich sind.

Elektrogeräte

Lange hat mich die Frage umgetrieben, ob es besser ist, neue energiesparende Geräte anzuschaffen oder bei den alten zu bleiben, bis sie endgültig den Geist aufgeben.

Bei Waschmaschinen und Kaffeeautomaten ist Instandsetzung gebrauchter Geräte immer die umweltfreundlichere Variante, denn die Herstellung ist sehr ressourcenintensiv, und auch die Entsorgung ist nicht gerade ohne. Gerne werden Elektrogeräte einfach nach Afrika verschifft und landen auf Müllkippen mit fatalen Folgen für Umwelt und Menschen.[44]

Bei Staubsaugern zum Beispiel kann eine Reparatur sinnvoll sein, wenn sie unter 1000 Watt verbrauchen. Oder wenn der Staubsauger mit höherem Stromverbrauch ohnehin nicht so häufig im Einsatz ist wie Besen und Wischmopp.

Neben den Repair-Cafés für kleinere Geräte jeder Art gibt es bei größeren Geräten immer die Möglichkeit, sich auf verschiedenen Onlineportalen Hilfe zu holen, zum Beispiel für eine Waschmaschinenreparatur bei waschmaschinendoktor.de.

Ist eine Reparatur aufwendiger und müsste ein Profi ran, vertrete ich die Meinung, dass ich lieber in Menschen als in Dinge investiere.

Generell macht es Sinn, wenn möglich, auf wartungsarme und analoge Geräte zurückzugreifen, die nicht so fehleranfällig und energieintensiv sind wie die elektrische Version.

Wer auf ein Elektrogerät umsteigen will, das sparsamer im Verbrauch ist, kann auch hier neue und trotzdem gebrauchte Geräte wählen. Entscheidend in Sachen Energieeinsparung ist aber auch, dass der Umstieg keine Energieersparnis bedeutet, wenn das neue Gerät viel größer als das alte ist.

Fenster

Dass eine Superduperisolierverglasung am besten ist, müssen wir wohl nicht diskutieren. Wer aber in einer Mietwohnung lebt oder sich den Einbau neuer Fenster nicht leisten kann, hat dennoch Möglichkeiten, die Temperatur zu regulieren.

Vorhänge oder Jalousien, die bei Dunkelheit geschlossen werden, verringern das Auskühlen der Wohnung. Im Sommer können sie tagsüber einen Großteil der heißen Außentemperatur abhalten.

Wer das beachtet, kann sich übermäßiges Heizen, einen Ventilator oder gar die Klimaanlage oft sparen.

Grünzeug

Der Trend zu Zimmerpflanzen ist ungebrochen, und auch ich bin infiziert. In der Stadt tut jedes bisschen Grün gut, und die meisten Zimmerpflanzen sind sehr genügsam und pflegeleicht.

Es gibt mehrere Varianten, um an Pflanzen zu kommen, für drinnen wie für draußen, ohne in Geschäften einzukaufen, die die grüne Pracht von weit her und mit jeder Menge Chemikalien behandelt importieren.

Stecklinge

Viele Pflanzen lassen sich einfach vermehren, indem ein Stückchen abgeknipst wird. Je nach Pflanze kommt der Steckling bis zur Wurzelbildung ins Wasser oder kann direkt eingepflanzt werden.

Stecklinge bekomme ich manchmal von Freunden. Wenn ich eine bestimmte Pflanze suche, werde ich in den Kleinanzeigen fündig, sie lassen sich meist problemlos im Briefumschlag verschicken.

Samen

Letztes Jahr ist versehentlich eine Tomatenpflanze neben unserem Ginkgobaum emporgewachsen. Unsere Jungs haben wohl mal wieder den gesamten Balkon fürs Frühstück benutzt ...

Viele Gemüse- und Obstsorten, Blumen und Sträucher bilden Samen aus, die sich einfach einpflanzen lassen. Ein Großteil unserer Lebensmittel sind allerdings Hybride (lukrativer für die Saatgutkonzerne), und wer aus einer besonders leckeren Tomate im nächsten Jahr selbst ernten möchte, sollte auf Produkte aus zertifiziertem Bioanbau achten, diese verwenden in der Regel samenfeste Sorten, die sich selbst vermehren können. Allerdings findet man diese samenfesten Sorten eher auf dem Wochenmarkt oder in der Gemüsekiste, im Supermarkt weniger.

Pflanzen- und Saatgutbörsen

Jedes Jahr im Frühjahr finden in vielen Städten Saatgutbörsen statt, wo es eine große Auswahl an Samen und Jungpflanzen gibt. Oft gegen Spende, manchmal kann einfach getauscht werden gegen andere Samen und Jungpflanzen.

Adoption

Manch ein Pflanzenfreund hegt ja eine sehr intime Beziehung zu seinen Grünlingen. Und angeblich gibt es die ein oder andere Studie, die wachstumsfördernde Effekte ausgemacht hat, wenn Gärtner mit ihren Pflanzen sprechen.

Vor allem aber gibt es viele Menschen, die einen viel grüneren Daumen als ich haben und sich vor lauter Wachstum von einigen Pflanzen trennen müssen. Ich schaue regelmäßig auch hier in den Kleinanzeigen, wie das Angebot in meiner Nähe gerade so ist. Einmal bin ich mit meinem klitzekleinen Hugo-Baby durch halb Köln gefahren und habe mir den Kinderwagen in einem Vogelsanger Garten vollgeladen mit frisch ausgegrabenen Blumen. Keine Ahnung, warum die Leute mich auf der Rückfahrt im Bus so komisch angeschaut haben …

Mit Lastenrad oder Auto funktioniert das natürlich ein bisschen weniger exzentrisch, Qualität und Preis sind deutlich attraktiver als im Massenblumenhandel. Und wir können gut abschätzen, wie viel oder wenig die Pflanzen gespritzt wurden, bevor wir sie ins Haus oder auf den Balkon holen.

Erde

Bisher habe ich noch keine Bezugsquelle gefunden, wo ich mir Erde selbst abfüllen kann, deshalb kaufen wir Blumenerde ganz gewöhnlich in Beuteln. Wir sparen uns aber die vielen unterschiedlichen Erdvarianten, kaufen einen möglichst großen Sack und mischen die nötige Zusammensetzung selbst an. Manchmal wird über die Kleinanzeigen auch Erdaushub und Mutterboden verschenkt, was wir z.B. für unsere Hochbeete genutzt haben, hier ist auf Material ohne Schadstoffe zu achten.

Ton

Mit großen Steinen oder einem Hammer zerkleinern wir kaputte Tontöpfe, um den Ton beizumischen, wo er gebraucht wird.

Kalk

Für kalkhaltige Erde sammeln wir unsere Eierschalen und zerkleinern sie.

Lehm

Die Erde von Maulwurfshügeln eignet sich bei uns in Wiesbaden sehr gut dafür.

Sand

Sammeln die Kinder rund um den Spielplatz ein (in kleinen Mengen und nicht direkt aus dem Sandkasten).

Alternative Wohnlösungen

Tiny Houses

Eine Gegenbewegung zu dem Wunsch nach mehr Wohnraum sind Minihäuser. Sie sind eine Antwort auf die Verdichtung der Städte, die explosionsartig steigenden Mieten, den Wunsch von immer mehr Menschen, ihren CO_2-Fußabdruck zu verkleinern und unabhängiger zu leben.

Tiny Houses werden sich sicher nicht als gängiges Wohnmodell bei uns durchsetzen, sind aber eine Quelle der Inspiration, wie wir auch wenig Raum optimal nutzen und uns darin wohlfühlen können.

Im Stadtgebiet können sie nützlich sein, wenn zum Beispiel mit vorgefertigten Containern in die Höhe gebaut werden kann, es spart Zeit und Kosten. Auch zum Aufstocken auf vorhandenen Hausdächern in der Stadt sind sie eine gute Lösung.

Kleine Häuser, ob auf Rädern oder als Module, bieten auf jeden Fall viele tolle Möglichkeiten, sind außerdem ressourcenschonend und nicht selten autark.

Gemeinschaftliche Wohnprojekte

Ein anderes Beispiel für effizient genutzten Wohnraum ist das Leben in Wohnprojekten wie zum Beispiel bei der Genossenschaft Kalkbreite in Zürich. Das erste Projekt der Genossenschaft war der Bau eines Wohn- und Geschäftshauses. Die 97 Wohneinheiten bieten Platz für verschiedenste Arten des Zusammen- und Alleinlebens. Es gibt für alle Bewohner nutzbare Arbeits- & Meetingräume, Gästezimmer, Gemeinschaftsräume, Werkstätten und Außenbereiche. Selbst ein Dachgarten zum Selbstversorgen steht zur Verfügung. So unterschiedlich die Bewohner sind, so vielseitig sind die Gewerbebetriebe in der Kalkbreite. Restaurants, Cafés, ein Kino, verschiedene Geschäfte des täglichen Bedarfs, andere Dienstleister, ein Kindergarten und sogar ein Geburtshaus machen das Angebot so vielfältig wie einzigartig. So spart man Zeit, Wege und Geld, denn theoretisch ist alles vor Ort. Ob Senioren, Familien mit kleinen Kindern, Vollzeitberufstätige, sie alle können davon profitieren, alles vor Ort zu haben. Und sie können jederzeit in der Anonymität der Großstadt verschwinden, wenn es gewünscht wird.

Beispielhaft sind auch die Wohnprojekte der Wagnis eG in München. Mittlerweile gibt es eine Vielzahl von Arealen, die das gemeinschaftliche mit dem individuellen Wohnen verbinden. Auch hier reduziert sich der Wohnraum des Einzelnen, weil es gemeinschaftlich nutzbare Flächen gibt. Zudem wird oft auf ressourcenschonendes und ökologisches Bauen Wert gelegt.[45]

Mobil und unterwegs

Wir beschlossen vor einigen Jahren, dass wir ein größeres Auto brauchten. Weil ich als Kostümbildnerin und Ausstatterin viel transportieren musste. Nur konnte ich mich für kein Auto entscheiden. Entweder war es zu teuer oder zu umweltschädlich, verbrauchte zu viel Benzin oder alles drei zusammen. Also kaufte ich mir eine BahnCard 50 und dachte, ich probiere es einfach mal ohne. Und hatte plötzlich mehr Zeit. Wie das?

Wenn ich normalerweise bei einer Entfernung von zum Beispiel anderthalb Stunden jeden Tag wieder nach Hause pendelte, legte ich mir ohne Auto meine Arbeitstage blockweise zusammen und organisierte eine Übernachtungsmöglichkeit. Zwar dauerte die Bahnfahrt länger, ergab aber bei fünf Tagen am Stück insgesamt fünf Stunden Fahrt, verglichen mit 15 Stunden mit dem Auto. Und einen Großteil der Bahnfahrt konnte ich zum Arbeiten nutzen, sodass ich bei dieser Rechnung anderthalb Arbeitstage mehr hatte oder entsprechend mehr freie Tage.

Selbst mit zwei Kleinkindern waren wir in Köln froh, kein Auto zu haben. Die Sharing Community ist sehr ausgeprägt, Autos sind für viele Kölner kein zusätzliches Familienmitglied, sondern Gebrauchsgegenstand. Wir hatten keine Probleme, uns mal von Freunden oder über verschiedene Carsharing-Portale ein Auto zu leihen.

In Wiesbaden hat sich das geändert. Obwohl auch hier ein Auto durchschnittlich 23 Stunden am Tag einfach nur rumsteht, ist an Teilen nicht wirklich zu denken, das Auto ein Statussymbol. Das ist schade und sinnlos, ich kann aber auch von niemandem verlangen, uns sein Auto zu geben. Ich hoffe sehr darauf, dass wir für kurzfristige Fahrten oder Tagesausflüge in naher Zukunft Carsharing nutzen können. Letztendlich macht es Sinn, regelmäßig zu prüfen, ob man wirklich das eine, die zwei ... Autos braucht und selbst wenn, wie viele Fahrten sich durch Alternativen ersetzen lassen.

Wenn Menschen plötzlich noch Abstandsregeln einhalten müssen, wird die Schwäche und der Platzverbrauch einer autogerechten Stadt nochmal gravierender als im Normalzustand.

Mobil ohne Auto

Auch wenn wir uns in Deutschland damit sehr schwertun – wir sind und bleiben eine Autonation – und ich es schon erlebt habe, dass selbst in einer Stadt wie Köln, in der so viele Menschen ohne Auto unterwegs sind, ein wütender Mob losbricht, wenn jemand auch nur eine einzige Straße autofrei machen will, gibt es einige Städte, in denen es anders läuft. In Deutschland kann man wohl Münster und Freiburg dazu zählen. Doch wirklich durchdacht ist das Konzept »Mobil ohne Auto« in Städten wie Kopenhagen oder Amsterdam, die bereits vor Jahrzehnten begannen, die Weichen dafür zu stellen. Und zwar konsequent, ohne pseudoaktive Flickschusterei. Denn es funktioniert nicht, mal eben noch die Radfahrer dazwischenzuquetschen, damit sie halbwegs Ruhe geben. Ein innovatives und langfristig Probleme lösendes Mobilitätskonzept muss von vorne bis hinten durchdacht sein, auf null zurückgehen und jeder Art von Fortbewegung einen gewissen festen Platz zugestehen. Besonders Amsterdam und andere niederländischen Großstädte wie Utrecht sind perfekte Beispiele, ich habe mich auf dem Fahrrad nie so entspannt und respektiert gefühlt. Würden wir uns trauen, die Radinfrastruktur so sicher zu machen, dass auch Kinder, Senioren und friedliebende Menschen aufs Rad steigen, würde dass alle Verkehrsteilnehmer und Stadtbewohner schneller, stressfreier und bequemer vorwärts bringen und gleichzeitig Lebensqualität und Sicherheit in unseren Städten deutlich verbessern. Ich kann nur empfehlen, das Radfahren im niederländischen Straßenverkehr mal auszuprobieren und dann wissen wir, wofür wir in Deutschland einstehen sollten.

In Finnlands Hauptstadt Helsinki können Nutzer mit einer Mobilitäts-App sehen, welches Verkehrsmittel sich für ihre nächste Route am besten eignet. Sie können flexibel Carsharing, Leihräder, Busse, Bahnen oder auch Kleinbusse nutzen. Die holen Passagiere bei Bedarf ab. Besonders durchdacht finde ich, dass die Fahrten zentral vom System abgerechnet werden. So ist man immer im kostengünstigsten Tarif unterwegs. Private Autos sollen so überflüssig werden, der gewonnene Platz in der Stadt kann für sichere Radwege, Fußgängerzonen und mehr Grün genutzt werden. Parkhäuser werden zu dringend benötigtem Wohnraum.

Das Fahrrad

Das Fahrrad ist auf kurzen Strecken die beste Wahl. Es geht häufig am schnellsten, die lästige Parkplatzsuche ist nicht ganz so lästig, man kann am Stau oft vorbeifahren. Es hält fit. Nur Laufen ist günstiger. Eigentlich nichts Neues.

Obwohl ich nicht dazu komme, regelmäßig Sport zu machen, liege ich fitnessmäßig im Bereich Leistungssport. Bei meiner Ärztin bin ich im Belastungstest unter den Top 5 ihrer Patienten. Nur weil ich jeden Tag meine Kinder mit dem Rad durch die Gegend fahre.

Wir wohnen in der Stadt mit der höchsten Zweitwagendichte, der mit Abstand dicksten Luft, seit Jahren belegt sie den unrühmlichen ersten Platz als mieseste Fahrradstadt deutschlandweit, und Knöllchen für auf dem Radweg parkende Autos stehen hier nicht besonders weit oben auf der Prioritätenliste. Kurzum, ich kann sehr gut verstehen, dass die Lust hier nicht besonders groß ist, aufs Rad umzusteigen.

Und dennoch gibt es genug Gründe, das Fahrradfahren zu lieben. Oben habe ich schon ein paar genannt. Mit dem Fahrrad lässt sich überall hinfahren, mit dem Auto muss immer erst ein Parkplatz gesucht werden. Es ist möglich, jederzeit anzuhalten und mit anderen Menschen in Kontakt zu kommen. Es ist eine viel persönlichere Fortbewegung, und würde es nicht diesen Kampf David gegen Goliath, Fahrrad gegen Auto, Fußgänger gegen Fahrrad geben, weil die Stadtplanung dem Rad keinen eigenen Verkehrsraum zugesteht, wäre es auch eine friedlichere. Auch wenn es einige Radfahrer gibt, die ihresgleichen in Verruf bringen, vergessen viele Autofahrer gerne mal, dass Radfahrer erstens gleiches Recht auf Straße haben, sprich Autos nicht pauschal Vorfahrt genießen, und zweitens Radfahrer immer, immer, immer den Kürzeren ziehen, wenn es zu einem Unfall kommt.

By the way: Fahrradwerkstätten flicken kaputte Reifen nicht mehr, allein durch Schläuche fällt wahnsinnig viel Müll an, der nicht recycelt werden kann. Ein guter Grund, mal wieder zum guten, alten Flickzeug zu greifen.

Familien- & Lastenrad
Sobald mehr als ein Kind in die Familie kommt oder auch mal etwas transportiert werden muss, reicht ein normales Rad selten aus. Wir haben über die Jahre einige Erfahrung gesammelt, und daher kann ich hier etwas Entscheidungshilfe geben, welches Rad für welchen Zweck geeignet ist.

Lastenrad
Ein Lastenrad ist ein Fahrrad mit Ladefläche vor dem Lenker, meist mit großer Kiste, in der auch Sitzmöglichkeiten und Anschnallgurte für Kinder sowie ein Regenverdeck montiert werden können.

→ Zweirad: Diese Räder sind recht wendig und benötigen nicht so viel Platz beim Fahren. Am Anfang braucht es etwas Übung beim Geradeausfahren. Vorteil: Es lässt sich sehr zügig und geschmeidig damit fahren, Bodenunebenheiten werden leichter ausgeglichen. In der Regel wird ein solches Rad aufgebockt wie ein Roller. Je nach Modell erfordert das mehr oder weniger Krafteinsatz.

→ Dreirad: Zwei Vorderräder rechts und links der Transportkiste. Bei manchen Modellen beweglich, bei manchen fest. Im Stand kann es nicht umkippen, es hält mit Feststellbremse. Kurven sollten nicht zu schnell genommen werden, es ist eher für gemütliche Fahrer und Familien, die viele Kinder oder Hunde damit transportieren, da die Kiste größer sein kann.

→ Motor: Drei Jahre lang täglich mindestens 10 Kilometer ohne Motor haben uns sehr fit gehalten, rückblickend würde ich mittlerweile ein Lastenrad immer mit Motorunterstützung wählen, weil dadurch längere Ausflüge machbar sind und die Routen auch mal anspruchsvoller sein können.

Ich kann auf jeden Fall empfehlen, sich möglichst ein hochwertiges Modell anzuschaffen, denn nur so ist ein Lastenrad ein realistischer Ersatz fürs Auto.

Fahrradanhänger
In Wiesbaden fahren wir ein Pedelec mit Fahrradanhänger für unsere Kinder. Und mit Motorunterstützung bekommen wir die Kinder hier auch jede Steigung hoch.

Ein Fahrradanhänger wird in der Regel über eine Kupplung an der Hinterradachse befestigt. Auch wenn ich es vermisse, mich beim Fahren mit meinen Kindern zu unterhalten, wie es beim Lastenrad möglich ist (Stichwort: Verkehrslärm), ist aus verschiedenen Gründen unsere Wahl auf den Anhänger gefallen. Der Anhänger lässt sich leicht abmontieren und zum Kinderwagen umbauen. Besonders praktisch bei Ausflügen, wenn ein Kind im Wagen eingeschlafen ist, oder auch, um mit dem Gespann im Zug zu fahren. Auch die meisten Bahnhofaufzüge lassen sich damit nutzen. Im Gegensatz zu den meisten Lastenrädern können so auch Treppen überwunden werden.

Sicherheit
Ein Anhänger schiebt das Fahrrad bei einer Vollbremsung nach vorne, deshalb unbedingt vorausschauend fahren, besonders bergab sowie bei nasser oder glatter Straße.

Wer unsicher ist, ob ein Fahrradanhänger nicht übersehen wird: Bei den meisten Unfällen kollidieren die Vorderteile von Fahrzeugen. Autofahrer halten bei Fahrradanhängern gewöhnlich mehr Sicherheitsabstand. Außerdem steht ein guter Anhänger durch den tiefen Schwerpunkt sehr sicher. Als ich mal durch einen Fahrfehler gestürzt bin, haben das meine Jungs im Anhänger überhaupt nicht mitgekriegt.

Die Bahn

Viele fluchen über die Bahn und ihre Verspätung, aber gerade für größere Entfernungen zwischen Städten finde ich sie unschlagbar. Wie oft habe ich schon im Auto gesessen, Stau, keiner weiß, wie lange, zwei quengelnde Kinder, dann muss eins Pipi, das andere hat Hunger …

Eine Bahnfahrt mit Kindern und auch ohne finde ich meist

ziemlich entspannt. Es ist Zeit, sich miteinander zu beschäftigen, in Ruhe zu lesen oder zu arbeiten. Was ich immer als sehr positiv empfinde, ist der Kontakt mit anderen, besonders auch für meine Kinder. Wer ständig mit dem Auto von A nach B fährt, ist dabei abgekapselt. Unsere Kinder profitieren sehr davon, dass sie die Möglichkeit haben, im Alltag und im Zug selbstständig auf Fremde zuzugehen. Auszuprobieren, wie auf sie reagiert wird, was sie sich erlauben können und wann sie vielleicht stören.

Es ist einfach, bei Verspätungen auf die Bahn zu schimpfen – bei einem Stau auf der Autobahn gibt es hingegen nicht den einen Ansprechpartner, der sich ausmachen lässt. Klar wäre es mir auch manchmal lieber, wenn die Bahn pünktlicher wäre, aber welches Auto bringt mich in zwei Stunden gut 350 Kilometer weit?!

Das Auto

Das Auto zählt bei Herstellung und Betrieb zu den entscheidenden Stellschrauben für einen ressourcensparenden und abfallreduzierten Lebensstil. Die Ölindustrie (Sprit für Verbrennungsmotor) und die Kohleindustrie (Strom für E-Auto) gehören zu den größten Dreckschleudern auf unserem Planeten. Die Wahrheit ist: Wir brauchen weniger Autos.

In einem Land, in dem etwa 900.000 Arbeitsplätze und ein beträchtlicher Teil des Bruttoinlandsprodukts in der Automobilindustrie liegen,[46] wundert es nicht, dass die Alternativen so zurückhaltend in eine Verkehrswende mit einbezogen werden. Keinesfalls will die Politik die Millionen Autofahrer und die Firmen selbst verärgern oder beschränken. Die Zukunft sieht man im Elektroauto oder in den Hybriden. Der Wissenschaftsjournalist Christoph Schrader hat sich mit der Umweltbilanz von Elektroautos auseinandergesetzt und sämtliche Aspekte sowie Zukunftsprognosen zusammengetragen:[47] Bei aller Euphorie muss man sich allerdings bewusst machen, dass Elektroautos den CO_2-Ausstoß vor allem in die Herstellungsländer verlagern. Ich sehe eine Antriebsänderung hin zum Elektromotor positiv, jedoch lösen sich damit keinerlei Umwelt-, Ressourcen-, Verkehrs- und Platzprobleme, solange weiter die Strategie vom privaten Pkw-Besitz verfolgt wird, am Ende noch mit autonom fahrenden Fahrzeugen, die 50 % der Strecken ganz ohne Insassen unterwegs sind.

In Köln kostete uns unser Auto mit Wertverlust, Reparaturen, Garagenmiete, Steuern und Versicherung pro Jahr 3000 Euro. Ohne auch nur einen Liter Benzin! Nach dem Verkauf hatten wir ganz neue finanzielle Freiheiten. Für Urlaubsfahrten mieten wir seither ein frisch geputztes und vollgetanktes Auto in der Größe, die wir brauchen bei einer der großen Autovermietungen.

Wenn wir von Köln aus zu unserer Familie fuhren, nahmen wir den Zug, das Baby konnte jederzeit gestillt, gewickelt, bespaßt oder in den Schlaf gewiegt werden. Wir konnten jederzeit losfahren, ohne auf den Schlaf-wach-Rhythmus von Hugo achten zu müssen.

Am leichtesten, das Auto stehen zu lassen, fällt es denen, die kein eigenes Auto haben. Allen anderen sitzt das Teufelchen auf der Schulter. Und viele haben wirklich keine Alternative.

Tipp 1: Carsharing

Wenn es möglich ist, sich zu mehreren ein Auto zu teilen, ist das ideal. Zumindest bei uns würde sich leider niemand darauf einlassen, egal wie häufig oder selten das Auto genutzt wird. Ich habe aber schon von Wohnprojekten gehört, die für ihre Bewohner mietbare Autos anbieten.

In Großstädten gibt es mehr und mehr öffentliche Carsharing-Möglichkeiten. Wer sein eigenes Auto an andere vermietet, fördert diese Bewegung. Die Plattformen für privates Carsharing beinhalten in der Regel spezielle Versicherungen. Sollte der Mieter einen Unfall haben, seid ihr abgesichert und werdet nicht in eurer eigenen Versicherung hochgestuft.

Hier eine kleine Auswahl an privaten und professionellen Carsharing-Möglichkeiten (Stand: Sommer 2020):

→ Urbi – Zeigt in vielen Städten deutschland- und europaweit die meisten verfügbaren Car-, Roller- und Bikesharing-Anbieter in einer App.

→ Getaround – Weltweit führende Plattform für privates Carsharing.

→ Snapp Car – App zum Mieten und Vermieten von Privatautos, bisher in Deutschland, Holland, Dänemark & Schweden verfügbar.

→ SHARE NOW – Professionelles Carsharing im Freefloating (also nicht stationsbasiert) in über 14 Ländern von Mercedes, BMW, MINI und smart.

→ Cambio – Carsharing, Abholung an festen Stellplätzen in der Stadt.

→ Flinkster – Carsharing der Bahn, Abholung an festen Stellplätzen in der Stadt.

→ Sharoo – Nur in der Schweiz. Mieten und Vermieten von Privatautos möglich, per App wird das Auto geöffnet, sodass eine persönliche Schlüsselübergabe nicht mehr nötig ist.

→ Es gibt viele weitere Anbieter, auch in kleineren Städten, der Markt ist sehr dynamisch. Neben dem klassischen Carsharing gibt es auch Scooter- und E-Roller-Sharingdienste sowie Ridesharing, quasi eine Mischung aus Taxi und ÖPNV.

Tipp 2: Gebrauchtwagen kaufen

Wer einen eigenen Wagen braucht oder besitzen möchte und trotzdem seinen CO_2-Abdruck im Blick behalten will, sollte einen Gebrauchtwagenkauf in Betracht ziehen. Auch so lassen sich Ressourcen einsparen.

Tipp 3: Sprit sparen

Aktuelle Empfehlungen gibt es zum Beispiel vom ADAC, aber im Stress des Alltags vergessen wir oft, wie viel Potenzial im Spritsparen liegt.

- Geringes Gewicht – Kleines Auto, kein unnötiges Gepäck mitnehmen.
- Stromverbrauch drosseln – Heizung, AC, beheizbare Außenspiegel, Standheizung kosten Sprit/Strom.
- Kraftstoff/Öl – Leichtlauföle für den Motor bringen Ersparnis im Verbrauch, Premiumkraftstoffe nicht.
- Reifen – Leichtlaufreifen sparen Benzin, passender Luftdruck ebenfalls.
- Fahrweise – Größte Einsparmöglichkeit. Starten ohne Gaspedalbetätigung, zügig beschleunigen, früh hochschalten und niedrige Drehzahlen. Der richtige Gang bringt 10 bis 20 Prozent Sparpotenzial.
- Kurzstrecken vermeiden – Kalte Motoren brauchen teilweise fünf- bis sechsmal so viel Sprit. Kurze Wege also zu Fuß oder mit dem Rad zurücklegen.
- Vorausschauend fahren – Senkt Verbrauch, Stresspegel und Unfallquote
- Motor aus beim Warten – Bei warmem Motor ist die Belastung für Anlasser und Batterie verschwindend gering.

Mobilitätskonzepte heute und in Zukunft

Das Mobilitätsproblem wird nicht durch Elektroautos gelöst, sondern durch eine einfache Verfügbarkeit der besten Option. Bei Elektroauto- und Carsharingnutzern tritt häufig ein Rebound-Effekt ein: Sie leisten ihren Beitrag zu den Verkehrsproblemen, weil sie ohne Luft- und Lärmverschmutzung durch die Stadt fahren oder einen Teil zur Lösung der Parkplatzproblematik beitragen. Und fahren deshalb mit gutem Gewissen Auto. So nutzen 85 Prozent der Elektroautobesitzer ihr Fahrzeug für die tägliche Fahrt zur Arbeit. Bei allen anderen Autobesitzern machen das weniger als die Hälfte.

Um eine echte Wende zu erreichen, wäre es wichtig, ein überregional komfortables Kombisystem zu installieren, das einen dabei unterstützt, die beste, schnellste, günstigste Verkehrsvariante für das jeweils eigene Bedürfnis zu wählen. Mein Traum wären eine Art öffentliche Taxen, die je nach Entfernung und Nutzergruppe bestellt werden, zu Sammelplätzen oder nach Hause. Die eigene Fahrspuren zur Verfügung haben, auf denen man schneller vorwärtskommt. Bei denen man nicht Bauch an Bauch mit anderen Fahrgästen durchgeschüttelt wird, sondern ganz komfortabel in Kapseln verschiedener Größe bis zum Ziel fährt.

Die frei gewordenen Parkflächen in der Stadt würden zu Fahrradwegen umfunktioniert, auf denen auch Kinder sicher unterwegs sein könnten. Oder zu Raum für Menschen, nicht für Blech.

Es gäbe keine Staus mehr, weil im Berufsverkehr nicht mehr jeder einzeln im eigenen Auto säße, und weniger Unfälle. Es würde ruhiger werden, in der Stadt und außerhalb. Weniger Menschen würden an Krankheiten leiden, die durch Luftverschmutzung und Lärm verursacht werden.

Auch wenn die CO_2-Bilanz eines Elektro- oder Hybridautos nicht besser ist als die eines Verbrennungsmotors: Wenn mit der Elektromobilität gleichzeitig auch eine Mobilität Einzug hält, die nicht mehr so sehr auf dem Individualverkehr von heute basiert, verbessert sich die Bilanz allgemein erheblich.

Wer täglich mit dem Fahrrad an diversen Ampeln steht und neben Autos herfährt, der kennt die Erholungsmomente eines E-Autos. Wenn an der Ampel der Automotor still bleibt, wenn der Auspuff beim Gasgeben den Radfahrer nicht einnebelt, wenn die Geräusche des Autos nur die Reifen auf dem Asphalt sind, nicht aber das Knattern, Schnarren, Kratzen ...

Urlaub

Wenige Reisen und kurze Distanzen sind die entscheidenden Stellschrauben. Wir können unseren Alltag noch so vorbildlich gestalten – ein Wochenende auf Mallorca, und schon ist die Bilanz futsch. Die meiste Energie verbrauchen Start und Landung, je weiter der Flug, desto höher der CO_2-Ausstoß. Nichtsdestotrotz ist es ein Unterschied, ob wir nun 4 x im Jahr fliegen oder Inlandsflüge machen, oder alle ein bis zwei Jahre mal einen Urlaub auf den Kanaren.

Die Möglichkeit eines CO_2-Ausgleichs zum Beispiel über die Plattform *atmosfair* ist gut und sinnvoll, gleichzeitig aber auch moderner Ablasshandel. Wer für Umweltsünden bezahlt, macht sie deshalb nicht ungeschehen.

Urlaub fern

Wie immer gibt es ein Aber. Denn ich bin für Reisen in ferne Länder, in andere Kulturen. Natürlich ist es interessant, Fremdes kennenzulernen. Vor allem gibt es uns einen Einblick in eine globalisierte Welt. Länder wie Indien haben nichts mit unserem

Leben und unserer Kultur hier gemeinsam. Und doch sind wir eng miteinander verbunden, weil wir von den Strukturen dort drüben in Asien profitieren. Weil wir uns unseren Luxus auch deshalb leisten können, weil in anderen Ländern andere Sitten herrschen. Das ist sehr abstrakt, und ich habe es auch erst (ein wenig) verstanden, da ich es selbst erlebt habe.

Von diesen Einblicken können wir und auch die Bewohner der besuchten Länder nur profitieren, wenn wir nah dran sind. Nicht im All-inclusive-Hotel wohnen, sondern bei Einheimischen. Nicht vom Hotel organisierte Ausflüge machen, sondern uns selbst auf Entdeckungstour begeben. Die Wirtschaft vor Ort unterstützen. Dadurch bringen wir uns nicht nur in eine fremde Kultur ein, wir erweitern unseren Horizont und lernen besondere Menschen kennen.

Urlaub nah
Viele Touristen reisen jedes Jahr nach Deutschland und Europa. Wir fliegen oft weg. Dabei gibt es in unserer Nähe jede Menge zu entdecken. Vom ressourcenschonend sanierten Hotel über Zeltlodges, Urlaub im Tiny House bis hin zu Agenturen für nachhaltiges Reisen zu handverlesenen Orten ist alles möglich.

Freunde & Familie

Als wir 2012 unsere ersten zaghaften Versuche in Richtung Zero Waste starteten, merkte ich schnell, dass viele unserer Freunde und Verwandten damit nicht wirklich etwas anfangen konnten. Meine Schwägerin flüsterte mir mal von der Seite zu, ein paar ihrer Freundinnen würden es total eklig finden, dass wir unser Kind mit Stoff wickeln. Und auch sonst: Wenn ich versuchte, Zero Waste zu erklären, erntete ich verwunderte Blicke. Oder merkte später, dass ich nicht verstanden wurde.

Ich wusste erst nicht, wie ich damit umgehen sollte, für mich war ja alles klar. Und dann erinnerte ich mich, dass ich noch wenige Monate zuvor überhaupt nicht darüber nachgedacht hatte, wie ich Müll und Verschwendung vermeiden könnte. Mein Verständnis für andere wuchs wieder, und schließlich startete ich meinen Blog *simplyzero* – auch ein bisschen als Unterstützung und Erklärung für unseren Freundeskreis.

Mittlerweile, auch weil das Thema immer mehr Menschen erreicht, erlebe ich fast nur noch positives Feedback. Es ist wundervoll zu sehen, dass so viele umdenken und sich überlegen, wo sie etwas in ihrer Routine verändern können.

Meine Eltern nehmen viel konsequenter als ich ihre Takeaway-Dosen mit, gehen mit Gemüsenetzen und Brotbeuteln einkaufen und fahren, wann immer es möglich ist, mit dem Fahrrad statt mit dem Auto. Vor ein paar Jahren sah das noch ganz anders aus. Nicht aber, weil sie ignorant waren. Sie hatten es einfach nicht auf dem Radar. So wie wir auch.

Vieles, was als »normal« gilt, stellen wir einfach nicht infrage. Umso schöner, wenn ich mit dem, was ich tue, andere Menschen motivieren kann, es auch zu versuchen. Dinge, die sie vielleicht schon länger gestört haben, zu ändern. Das ist das größte Lob und die größte Motivation, diesen Weg weiterzugehen.

Alte Freunde – neue Freunde

Seit wir mit Zero Waste begonnen haben, sind alte Freunde gegangen und neue gekommen. Natürlich haben wir nicht aussortiert, weil uns bei irgendwem die Mülleimer zu voll waren. Wir haben uns aber gefragt, mit wem wir gerne zusammen sind. Wer uns gute Impulse gibt, mit wem wir tolle Gespräche führen, wen wir einfach mögen.

So sind auch neue Freunde dazugekommen, Olga und Gregor zum Beispiel. Olga lernte ich über ihren Zero-Waste-Blog kennen, und ich weiß noch, wie sie und Gregor die ersten Großbestellungen auf Nachbarn, Freunde und uns verteilt haben und daraus irgendwie der erste Unverpacktladen Kölns entstand.

Auch sonst haben wir in den letzten Jahren durch unser geändertes Bewusstsein viele wunderbare Bekanntschaften gemacht und Menschen kennengelernt, die sich auf unterschiedliche Art und Weise für etwas einsetzen, das Gemeinschaft über Besitz stellt. So gibt es zum Beispiel in Köln den Tag des guten Lebens, jedes Jahr in einem anderen Stadtteil. Dort wird der Straßenraum einen Sonntag lang den Bewohnern und ihren Besuchern überlassen. Kinder spielen und tanzen, es wird gegessen, gesungen, gelacht und experimentiert. Das schweißt alle Beteiligten zusammen und hinterlässt so viel mehr Freundschaften, Erinnerungen und Glück, als jeder verkaufsoffene Sonntag das jemals könnte.

Arbeiten

Arbeitszimmer und Büro

Orlando und ich arbeiten viel von zu Hause. Und haben für unsere Arbeit einiges an Material, das wir unterbringen müssen und mit dem wir regelmäßig arbeiten. Seit wir Kinder haben, ging der Platz für ein Arbeitszimmer mehr und mehr für den Platz der Kinder drauf. In unserer aktuellen Wohnung haben wir wieder einen Raum, und ich empfinde das als großen Luxus, denn so ist es uns möglich, viel Zeit mit den Kindern zu verbringen und trotzdem einen Ort des Rückzugs zu haben, an dem wir tagsüber und oft auch noch abends, wenn die Kinder im Bett sind, konzentriert arbeiten können.

Eine wunderbare Alternative dazu und mein liebster Ort, wenn zu Hause zu viel Trubel herrscht oder ich in der finalen Phase eines Projekts bin, sind Coworking Spaces. Ein bisschen wie Gemeinschaftsbüros, aber flexibler. Ein Ort, an dem sich Berufstätige, für die das geeignet ist, einmieten und, meist an flexiblen Plätzen, arbeiten können.

Natürlich funktioniert das nicht für alle, aber es ist toll, ein Büro zu haben, wenn es gebraucht wird. Es ist günstiger, als eines zu mieten, und spart dabei auch Raum, weil er effektiver genutzt werden kann. Gleichzeitig eröffnen sich Kontaktmöglichkeiten, wodurch nicht selten neue Aufträge entstehen.

In einigen Städten gibt es Coworking Spaces mit angeschlossenem Kindergarten. Dadurch werden nicht nur Bürokapazitäten gespart, sondern auch Zeit und Wege, die Eltern so häufig zwischen Zuhause, Kinderbetreuung und Arbeitsplatz zurücklegen müssen. Bei uns war Betreuung immer ein Stressfaktor, bis wir schließlich Kitaplätze direkt auf dem Campus meiner Hochschule ergattert haben und ich kann wirklich sagen, dass es für die ganze Familie ein Game Changer war!

Elektronik

Geht es nach den Herstellern von Smartphones, »braucht« man jedes Jahr ein neues. Dabei ist die Produktion von Handys aufgrund der benötigten Rohstoffe und deren Gewinnung alles andere als umweltverträglich – von der problematischen Entsorgung ganz zu schweigen. Hier lohnt es sich zu überlegen, ob man wirklich jeden Trend mitmachen muss.

Wie auch bei Kleidung und Möbeln stellt secondhand eine resssourcensparende Alternative dar.

Wir kaufen unsere elektronischen Geräte wie Smartphone oder Laptop in der Regel gebraucht mit Restgarantie oder bei professionellen Händlern, die generalüberholte und gebrauchte Produkte mit Garantie verkaufen.

Schreiben

In den letzten Jahren haben wir aus Platzgründen unsere Arbeitsmaterialien stark reduziert. Dazu gehört auch das, was wir zum Schreiben benötigen. Wie viele Bleistifte, Werbekulis und Radiergummis brauchen wir eigentlich?

Wir haben einen Großteil gespendet.

Wegen der Schreibwerkzeuge, die wir regelmäßig nutzen, fragen wir immer erst mal im Freundeskreis oder in unserer

Familie nach. Oft sind die Schubladen voll mit ungenutzten Wachsmalstiften, Wasserfarben und vielem mehr.

Füller

Zum Schreiben sind wir wieder auf Füller umgestiegen. Es ist so toll, damit zu schreiben, und wer seinen Füller selbst auffüllt, spart eine Menge Abfall.

Es gibt spezielle Konverter, die statt einer Einwegpatrone in den Füller eingesetzt werden und immer wieder im Tintenfass gefüllt werden können.

Mein Füller ist sehr klein, ein Konverter passt nicht, sodass ich benutzte Einwegpatronen mit einer kleinen Spritze auffülle. Alternativ könnte ich die Tinte auch einfach direkt in das Tintenfach gießen.

Buntstifte & Wachsmaler

Wenn wir nicht ohnehin welche geschenkt bekommen, achten wir auf unlackierte und umweltverträgliche Stifte und versuchen, sie aus zweiter Hand zu kaufen. Das Holz von Buntstiftstummeln kann einfach kompostiert werden. Stifte, die für Kinder gut geeignet sind, liegen oft noch unbenutzt in den Schubladen von Familien mit älteren Kindern. Einfach mal im Freundeskreis nachfragen.

Textmarker & Filzstifte

Für die meisten gibt es Nachfüllpackungen, die Müll einsparen und günstiger sind. Allerdings ist es meist möglich, stattdessen normale Buntstifte oder spezielle Trockentextmarker zu benutzen.

Papier

Grundsätzlich würde ich sagen: Bevorzugt Papier. Doch wenn ich mir die Mülltonnen in unserem Mehrfamilienhaus ansehe, ist es die Altpapiertonne, die immer überquillt.

»Papier kann gut recycelt werden«, heißt es. Das stimmt zwar, doch die Herstellung, der Transport und die Verarbeitung zum Endprodukt verbrauchen auch Energie und Ressourcen. Daher ist es sinnvoll, sich Gedanken zu machen, wie man auch Papier weiter einsparen kann (siehe unten).

Immer bevorzugen: Recyclingpapier. Das kann im Gegensatz zu Recyclingkunststoff auch wirklich aus 100 Prozent Recyclingmaterial hergestellt werden, verbraucht einen Bruchteil an Energie und Wasser in der Herstellung, und statt der Umwelt werden die Müllberge ein Stück weit »zerstört«. Wie sich Papiermüll so weit wie möglich reduzieren lässt:

→ Keine Werbung
  Sicher wird immer wieder ein Flyer in der Hand oder im Briefkasten landen. Aber mit einem Aufkleber, auf dem steht: »Bitte keine Werbung & kostenlosen Zeitungen einwerfen«, lässt sich sehr viel erreichen. Auch bei Onlinebestellungen darum bitten, keine Flyer und Kataloge beizulegen, das funktioniert meistens.

→ Beidseitig verwenden
  So einfach wie sinnvoll. Wir haben bei unserem Drucker zwei Papierfächer, sodass wir wählen können, ob uns für einen Ausdruck auch Schmierpapier reicht.

→ Den Kindern geben
  Der beste Beweis: Kinder sind sogar nützlich für Zero Waste. Papiermüll, der bei uns anfällt und zum Malen oder Basteln geeignet ist, kommt in den Bastelkoffer. Und unsere Jungs sind zurzeit wirklich leidenschaftlich, exzessiv und expressiv, was das Malen und Basteln betrifft.

→ Geschenkpapier & Anhänger
  Seidenpapier, Zeitungspapier und Geschenkpapier, das wir selbst bekommen haben, verwenden wir weiter. Manchmal wird es noch von den Kindern bemalt oder beklebt. Wer das nicht süß findet, hat ein Herz aus Stein.
→ DIY-Recycling
  Sicherlich etwas, wofür es Zeit braucht. Wer aber an Papierschöpfen Spaß hat oder abends vor dem Fernseher lieber Zeitungsgarn dreht, statt in die Popcornschüssel zu langen, kann sich damit einmal mehr den Weg zur Mülltonne sparen.
  Auch Wimpelketten und andere Deko lässt sich super selbst machen. Und Konfetti: Das braucht es eigentlich nur, wenn Kinder im Haus leben. Und damit sind die Konfetti-Produzenten auch schon gefunden: Her mit dem Locher!
→ Digital lesen & teilen
  Ein E-Book-Reader ist schon ab zehn E-Books ökologischer als gedruckte Bücher.[48]
  Wer die Möglichkeit hat, Bücher und Zeitschriften in der Bücherei oder bei Freunden und Bekannten auszuleihen, fährt natürlich noch besser. Wir wohnen in einem Mehrfamilienhaus, und oft wandert die Tages- oder Wochenzeitung einmal quer durch alle Wohnungen. Auch Bücher und Zeitschriften leihen wir uns gegenseitig aus.

Digitalisierung

Um Platz zu Hause oder im Büro zu sparen, kann Digitalisierung nützlich sein. Vorsicht jedoch bei sämtlichen steuerrelevanten Dokumenten. Hier müssen laut Bundesministerium der Finanzen die »Grundsätze zur ordnungsmäßigen Führung und Aufbewahrung von Büchern, Aufzeichnungen und Unterlagen in elektronischer Form sowie zum Datenzugriff« (GoBD) beachtet werden, eine persönliche steuerrechtliche Beratung ist unerlässlich.

Zur Sicherung empfehle ich Hardware. Sowohl USB-Sticks als auch SD-Speicherkarten gibt es mittlerweile mit sehr hohen Speicherkapazitäten.

Online

Das Internet ist ein hungriges Tier. Laut einer Greenpeace-Studie von 2017 verbrauchten die Rechenzentren rund um den Globus zum Erhebungszeitraum 416 Terawattstunden, 2018 sollen sie den Energiebedarf Deutschlands übertreffen, wobei insbesondere das Streamen von Videos Energie frisst. Der Anteil am globalen Internetdatenverkehr betrug im Jahr 2015 63 Prozent, bis 2020 werden es den Berechnungen zufolge 80 Prozent sein.[49]

Die Popularität der Cloud-Dienste sorgt ebenfalls für einen deutlichen Anstieg der benötigten Energie. Im Gegensatz zur eigenen Festplatte oder Speicherkarte laufen die Server für Cloud, Streaming und Social-Media-Plattformen rund um die Uhr. Natürlich schauen auch wir Videos online und arbeiten in der digitalen Wolke, weil wir so mit Arbeitskollegen in anderen Städten am besten vernetzt sind.

Ein weiterer Energiefresser sind Suchmaschinen. Nun können wir auch mal Nachbarn und Freunde fragen, wenn wir etwas wissen wollen. Ansonsten pflanzen wir Bäume mit der Suchmaschine ecosia.org.

Kinder

Was will ich meinem Kind mitgeben?

Wer sich bewusst für Kinder entscheidet, hat sich diese Frage vermutlich schon einmal gestellt. Mit der Geburt des ersten Kindes verändert sich viel, auch wenn es manch einer nicht wahrhaben will. Selbst wer sein Leben erst mal noch so weiterlebt wie bisher – irgendwann ist das Kind so weit, dass es seine Bedürfnisse benennen kann. Dann fängt es an, Fragen zu stellen. Und Antworten zu erwarten. Und es ist nicht zufrieden mit der Antwort »Na ja, das ist halt einfach so«. Kinder können und wollen die Welt verändern, und es liegt an uns Erwachsenen, ihnen diese Möglichkeit zu geben. Unsere Kinder so stark zu machen, dass sie daran glauben. Dass sie die Fähigkeit entwickeln, selbst zu entscheiden, welchen Weg sie gehen wollen.

Gleichzeitig ist es eine Herausforderung, die eigenen Kindern nicht zu indoktrinieren. Wir können von ihnen nicht verlangen, dass sie ihr Leben genauso leben wollen wie wir unseres. Und es wird auch nicht funktionieren.

Wir sind beispielhaft für unsere Kinder, aber wenn wir uns zu sehr vom Rest der Welt abgrenzen, merken sie das. Und es erzeugt in ihnen eher den Wunsch, sich von dem abzuwenden.

Druck und Gegendruck

Wir verbringen unseren Sommerurlaub im Familienferienhaus in den Vogesen. Die Schlafzimmer sind vollständig belegt mit Freunden, Kindern, Omas, Opas, Cousine Kira und Cousin Justus. Morgens im Bett. Hugo kuschelt sich zu mir und sitzt in der nächsten Sekunde kerzengerade: »Mama, du, Kira und Justus haben gesagt, die essen Knackwürstchen. Und wenn sie nicht knacken, werfen sie die einfach weg. Das ist doch blöd, oder?!« Dazu diese typischen Erklär-Handbewegungen und Kopfschütteln mit krauser Stirn. Ich muss schmunzeln, habe aber keine Ahnung, wann sich besagte Situation ereignet hat, Kira und Justus schmeißen ja nicht einfach so Lebensmittel weg. Später klärt sich die Sache dann auf. Die zwei haben erzählt, dass Produkttester in der Würstchenfabrik so verfahren. Wiener Würstchen, die nicht knacken, sind keine echten Wiener und werden entsorgt.

Das zeigt sehr gut, was selbst Kleinkinder schon aufnehmen. Hugo trägt sein Herz auf der Zunge, und wir bekommen immer mit, worum sich seine Gedanken drehen. Nicht ganz so redselige Kinder nehmen aber nicht unbedingt weniger auf.

Eine Freundin von mir ist mit Vollkornnudeln und ohne Fernseher aufgewachsen. Kaum von zu Hause weg, ernährte sie sich erst mal von der billigsten Fertignahrung, während fast ununterbrochen die Glotze lief. Heute ist sie selbst Mutter von zwei kleinen Kindern und unterscheidet sich bei Ernährung und Medienkonsum immer noch sehr von den Idealen ihrer Eltern.

Leben die Eltern das eine Extrem, kann es passieren, dass die Kinder das übernehmen. Wahrscheinlicher ist aber, dass der elterliche Erwartungsdruck einen Gegendruck erzeugt. Kinder müssen sich abgrenzen.

Deshalb ist es manchmal gut, nicht zu viel auf das Thema

Müll einzugehen. Wir versuchen, unseren Kindern einen entspannten Umgang vorzuleben. Nicht alles abzulehnen, nur weil es gerade verpackt ist. Sondern vor allem das, was wir auch ohne Verpackung nicht wollen.

Baby Basics

Für uns war klar, dass wir so viel wie nötig und so wenig wie möglich für unsere Babys anschaffen würden.

Es gibt ellenlange Listen voller Sachen, die *unbedingt* gebraucht werden, wenn man ein Kind bekommt. Aber entscheidend ist nicht, was andere für wichtig und unverzichtbar halten, sondern was ihr braucht, um den Alltag mit Baby zu rocken.

Wir wollten es am Anfang nicht allzu chaotisch haben. Und weil wir schlecht im Aufräumen sind, war die einzige Lösung: nur das Nötigste.

Wenn wir uns bei etwas unsicher waren, ob wir es brauchen würden, warteten wir einfach ab, ob der Moment überhaupt eintraf, an dem es uns fehlte. Wir wohnten mitten in der Stadt, es gab Freunde, Onlineshopping, Apothekennotdienst und Ebay-Kleinanzeigen. Und für echte Notfälle den Kindernotarztwagen. Was sollte also passieren?

Das Einzige, wovon wir wirklich viele verschiedene Ausführungen hatten, was übrigens zu einigen Diskussionen führte, waren die Kindertransportvarianten: Tragetuch, Babytrage (gebraucht gekauft und verloren), Babytrage (geliehen), schicker Retro-Kinderwagen, Einzelbuggy, Geschwisterkinderwagen, Geschwisterbuggy, Lastenrad, Kinderfahrradanhänger.

Hätten wir von vornherein geahnt, dass unsere Kinder so einen kurzen Altersabstand haben würden, hätten wir möglicherweise anders geplant. Aber da wir gerne und viel unterwegs sind und entsprechend unsere Art der Fortbewegung sehr vielseitig ist, waren sämtliche Varianten nützlich und sinnvoll, denn die eierlegende Wollmilchsau ist uns nie über den Weg gelaufen.

Windeln

Ich kann nur sagen: Traut euch! Wir haben bei Hugo damals lange überlegt, ob wir Stoffwindeln oder vielleicht sogar »windelfrei« ausprobieren sollten. Und haben von außen immer wieder davon abgeraten bekommen. »Macht euch doch nicht so viel Stress. Setzt das Kind nicht so unter Druck ...« Allerdings hörten wir das nur von denen, die weder das eine noch das andere ausprobiert hatten. Meine Oma hatte ihre Kinder noch mit den richtig alten Bindewindeln gewickelt. Die fand vor allem, dass das Waschen aufwendig war. Auskochen im Topf, ausspülen in der Badewanne und dann jede Windel einzeln auswringen ... Die Zeiten sind ja zum Glück vorbei, und so entschieden wir uns dann doch dazu, uns auf die Reise nach der passenden Stoffwindel zu machen.

Immer wieder wird darüber diskutiert, ob Stoffwindeln durch das häufige Waschen nicht doch eine schlechtere Umweltbilanz als Einwegwindeln haben. Ich habe auf Grundlage meiner Erfahrungen eine Rechnung aufgestellt und bin zu dem Schluss gekommen, dass sich Stoffwindeln richtig lohnen, wenn sie für mehr als ein Kind genutzt werden. Und dabei macht es natürlich keinen Unterschied, ob für das eigene Kind alle oder zumindest ein Teil der Windeln gebraucht gekauft werden oder ob die Windeln neu gekauft und für mehrere eigene Kinder genutzt oder nach einem Kind weiterverkauft werden.

Um möglichst ressourcenschonend zu leben, sollte alles so lange wie möglich oder für sich selbst vertretbar genutzt werden, bevor es entsorgt wird. So auch die Stoffwindeln.

Stoffwindeln

Es gibt viele verschiedene Varianten, und für unsere kleinen, speckigen Zwerge passte am besten die PopIn von *CloseParent*, eine Windel, die sich auf die passende Größe einstellen lässt, sodass wir sie auch super in der Zeit verwenden konnten, in der wir beide Kinder gewickelt haben.

Es ist sinnvoll, erst mal zwei oder drei verschiedene Modelle zum Testen – eventuell gebraucht – zu kaufen, bevor 20 Stück angeschafft werden und man dann am Ende mit dem Modell oder dem Stoffwickeln an sich nicht zurechtkommt. In den letzten Jahren hat sich viel auf dem Markt getan, und es gibt mittlerweile einige Firmen, die in Deutschland produzieren.

Hugo, der auch bei seiner Tagesmutter Stoffwindeln tragen konnte, war kurz nach seinem zweiten Geburtstag trocken, und bald danach brauchte er auch nachts keine Windeln mehr. Das liegt zum einen sicherlich daran, dass er einfach immer gemerkt hat, wenn es in der Hose nass wurde. Und zum anderen daran, dass er bei uns wie auch bei der Tagesmutter im Sommer oft nackig war. So ging zwar mal was daneben, aber er konnte schnell aufs Töpfchen, ohne Zeit beim Ausziehen zu verlieren, und die Gruppendynamik mit den anderen Kindern half noch dabei.

Windelfrei

Babys geben uns von Anfang an Signale, damit wir ihre Bedürfnisse stillen können. Ob sie hungrig sind, ob sie müde sind oder ob sie mal müssen. Tragen sie Windeln, und reagiert niemand auf dieses Signal, geben sie es nach ein paar Wochen auf und machen ins Nest. Wir reagieren also nicht auf ihr Bedürfnis, erwarten dann aber nach drei Jahren, dass sie sich nun endlich mal selbst um ihre Ausscheidungen kümmern und bitte aufs Töpfchen gehen.

Es gibt zwar immer wieder Stimmen, die der Meinung sind, dass windelfrei Babys unter Druck setzen würde. Die Logik erschließt sich mir aber nicht ganz, denn es geht hier nicht um Töpfchentraining für Neugeborene, es geschieht nicht mit Zwang, Druck oder Strafe. Vielmehr ist es doch für jedes Baby ein gutes Gefühl, wenn seine Signale verstanden werden, so auch »Ich muss mal«. Und der Umstand, dass Windelfrei-Babys keinen wunden Windelpo bekommen, wird das kleine Ding auch nicht gerade stören.

Für manche Kinder funktioniert windelfrei, für manche nicht. Es können auch Phasen kommen, in denen das Kind keine Lust auf Abhalten hat. So wie es auch Phasen gibt, in denen manche Kinder einfach keine Lust auf Wickeln haben. Oder auf Anziehen. Eltern müssen dann selbst entscheiden, wie sie damit umgehen. Aber es ist ja kein Wettbewerb, und wenn sich alle besser damit fühlen, eine Zeit lang auf Windeln umzusteigen, ist das auch okay.

Ich habe vor dem zweiten Kind gesagt, beim nächsten würde ich es probieren. Und habe bei Kasimir einfach nie mitgekriegt, wenn er musste. Manchmal fiel mir erst beim Blick in den Spiegel auf, dass er mich angepinkelt hatte … Gleichzeitig war Hugo noch keine zwei Jahre alt und Orlando viel unterwegs. Schließlich bekam Kasimir dann doch die Windeln, weil es für mich so einfach entspannter war. Olgas Sohn war allerdings mit eineinhalb Jahren quasi trocken. Auch entspannt.

In den Ländern und Kulturen, wo sich die Windelhersteller noch nicht festgesetzt haben oder wo schlicht kein Geld für Windeln vorhanden ist, wird windelfrei ganz selbstverständlich praktiziert. Kleinkinder laufen ohne Hose durch die Gegend. Wir assoziieren das mit Slums in Entwicklungsländern, doch ganz unemotional ist es praktisch und unkompliziert für alle Beteiligten.

Feuchttücher

Wusstet ihr, dass die Feuchttücher, die in drei Jahren zum Wickeln eines Kindes verbraucht werden, locker 300 Euro kosten? Gleichzeitig werden sie aber noch zum Saubermachen auf dem Spielplatz und für alle möglichen anderen Gelegenheiten verwendet.

Von Anfang an haben wir einfach klares Wasser oder Waschlappen benutzt.

Zum Wickeln wurde morgens eine Thermoskanne mit heißem Wasser gefüllt, und fürs große Geschäft haben wir unsere Jungs mit der Duschbrause abgewaschen.

Zum Saubermachen von klebrigen Händen und Mündern nehmen wir ebenfalls Wasser und eventuell noch ein Stofftuch, falls gerade greifbar.

Die wenigen Male, die wir Feuchttücher verwendet haben, hatte ich nicht den Eindruck, dass die Kinder gut sauber wurden. Vielmehr bildete sich ein Film über der Haut. Und die eigenen Hände duften auch nicht gerade lecker nach dem Wickeln.

Spielplatzsnacks

Wenn ich heute mal in der Kinderabteilung der Drogerie lande, bin ich immer wieder erstaunt, wie viele Snacks es für die Kleinen gibt. In noch kleineren Päckchen als für Erwachsene. Und noch teurer.

Snacks für Kinder sind eine saubere Angelegenheit. Quetschies und Hirsekringel machen kaum Dreck, lassen sich gut einpacken und schmecken den Kindern. Neben dem Verpackungsmüll sind es aber auch hochverarbeitete Lebensmittel, und meine Kinder sollten erst mal die Grundnahrungsmittel kennenlernen. Auch als Ablenkungsmanöver und Beschäftigungstherapie finde ich Snacks in den meisten Fällen unpassend.

Für heranwachsende Kinder – nicht für Babys – ist es wichtig, auch Langeweile, Ungeduld und Hungergefühl kennenzulernen. Damit meine ich nicht Vernachlässigung, Ignoranz, Unterernährung.

Sind alle Zähne da, können die Kleinen unterwegs Rohkost essen, sind sie noch jünger, bieten sich für zwischendurch zum Beispiel Brotrinde an, weicheres Obst oder auch mal die Reste vom Mittagessen.

Große Kinder

Vor einiger Zeit war ich zu Besuch in einer Klasse der Helene-Lange-Schule in Wiesbaden. Den Anstoß gab eine engagierte Klassenlehrerin und ein gemeinsames Kochprojekt der Schüler, an deren Ende überquellende Mülleimer voller Lebensmittelverpackungen standen. Daraufhin hat sie mich eingeladen, über unser Familienleben zu sprechen und wie wir es schaffen, so wenig Müll zu produzieren. Ich war begeistert, wie interessiert die Schüler waren, ich wurde mit Fragen gelöchert, viele erzählten von ihrem Engagement und was sie schon so tun, um nachhaltig zu leben und Müll zu vermeiden.

Kinder gehen mit so viel Aufmerksamkeit durchs Leben und werden dabei oft zu wenig ernst genommen. Es sind halt Kinder. Sie bekommen meist mehr mit als Erwachsene, machen sich Gedanken, reflektieren. Und stumpfen irgendwann ab, weil wir ihnen vermitteln, dass es sich nicht lohnt, für etwas zu kämpfen, die Dinge anders zu machen, die Welt zu verändern.

Wir sollten sie stärken und bestärken, ihren Ideen und Visionen zu folgen. Wir sollten sie auch Fehler machen, ausprobieren und daraus lernen lassen. Denn wir hinterlassen ihnen eine ziemlich marode Ausgangssituation.

Und wir sollten sie selbst entscheiden lassen, wie viel Zero Waste sie mitgehen.

Kinderkleidung

Kinderkleidung ist besonders beliebt für Fast Fashion. Bei den bekannten Modemarken ist sie meist günstig und süß anzusehen. Und weil das so ist, sind viele Kinderschränke übervoll mit Sachen, die selten bis nie getragen werden, und schwups!, sind die lieben Kinderlein schon wieder rausgewachsen.

Wie Orlando und ich haben unsere Kinder fast nur Lieblingssachen, die sich untereinander gut kombinieren lassen. Es sind gerade so viele, dass sie ausreichen.

Nur wenige Teile sind hell, denn die Zwei sollen einfach leben und erleben, und so sind Flecken nicht so schnell sichtbar.

Secondhand

Es tut mir immer ein bisschen leid, wenn ich Kinder sehe, denen das Spielen, Matschen und Toben verboten wird, weil die Kleidung nicht dreckig werden soll. Natürlich kommt es mal vor, dass die Kinder etwas feinere Kleidung tragen und der Spielplatzausflug nicht geplant war. Aber wenn ein Kind auf dem Wasserspielplatz nicht die Rutsche hinein in die Matschgrube nehmen darf, weil die Badehose doch neu ist ... Hey, sorry, die Kindheit ist auch schnell vorbei.

Secondhand-Kleidung ist meist schon schadstofffrei durch

vorherige Waschgänge. Es gibt sie in allen Varianten. Ungetragen oder getragen, teuer oder billig.

Gerade weil die Kleidung auch schnell wieder zu klein ist und in den meisten Familien von maximal zwei Kindern getragen wird, findet sich gebraucht, ob auf Flohmärkten oder Onlineportalen, jede Menge feiner Sachen. Auch Schuhe gibt es oft wenig bis gar nicht getragen, Stoffschuhe sind meist in der Maschine waschbar.

Secondhandkleidung impliziert manchmal, sich eben nichts Neues leisten zu können. Wer seinen Kindern aber vermittelt, dass secondhand ganz normal ist, gibt ihnen nicht das Gefühl, dass es eine schlechtere Variante sei. Natürlich werden sie irgendwann auch mal neue Kleidung haben wollen. Und das ist auch völlig in Ordnung.

Unsere Jungs, ja noch relativ jung, finden es toll zu wissen, dass ihre aussortierten Sachen nun vielleicht Lieblingssachen von anderen Kindern werden. Und umgekehrt, dass sie die Lieblingssachen von anderen Kindern tragen dürfen.

Außer auf Kinderflohmärkten und in Secondhandgeschäften gibt es eine Vielzahl an Kinderkleidung online. Und: Durch den schnellen Kleiderkonsum heute ist Secondhandkleidung oft einfach wie neu.

Upcycling

Ab und zu, wenn ich ein bisschen Zeit habe, mache ich mir den Spaß und nähe aus abgetragenen Jeans oder Pullovern von uns Großen etwas Neues für die Jungs. Und die finden es supergut, jetzt eine Jeans aus Papas alter Hose zu tragen. Natürlich kann das nicht jeder machen. Aber dafür gibt es Änderungsschneidereien und auch online ein paar feine Unternehmen, die auf professioneller Ebene tolle Kinderkleidung aus abgelegten Erwachsenensachen fertigen (siehe meinen Blog).

Leihen

Leihen ist besonders angenehm, weil die Kleidung (oder auch Spielzeug und Bücher) nach Gebrauch einfach wieder an den Besitzer zurückgehen können. Oft ist es schon möglich, im Freundeskreis oder Kindergarten zu leihen.

Es gibt auch Profiverleiher, in deren Onlineshops das Mieten so einfach funktioniert wie Kaufen.

Ein Negativpunkt ist allerdings, dass bei den meisten Verleihfirmen nur neue oder neuwertige Kleidung angeboten wird. Deshalb lässt sich in den Suchfenstern auch nicht auswählen, welchen Zustand die Kleidung haben soll. Für Kinderkleidung wäre es mir lieber, welche mit Gebrauchsspuren zu leihen und dafür weniger Miete zu bezahlen.

Zudem ist es wenig nachhaltig, wenn die Sachen dann doch nur von ein oder zwei Kindern getragen werden, bevor sie wie alle anderen Kleidungsstücke dem Altkleidermarkt zugeführt werden.

Räubersachen, ein Online-Handel, wo man nachhaltige und gebrauchte Kindersachen mieten kann, ist dabei ein echter Lichtblick: Dort gibt es von ganz neuen Kleidungsstücken über Upcycling-Produkte bis hin zu den Räubersachen mit Flicken und gestopften Löchern alle Zustandsformen zu mieten.

Reparieren

Kleine Löcher zu reparieren kostet meist nur wenig.

Es gibt viele Arten der Reparatur, und am schönsten ist sicher das Kunststopfen und -sticken, so wie es das Team von *Räubersachen* macht. Das schaffe ich zeitlich bisher nicht und wähle meist die einfachste Variante, weil die kaputten Sachen sonst doch nur im Korb liegen, bis die Kinder rausgewachsen sind.

Bügelbilder
Für feste Stoffe benutze ich Bügelbilder, von denen ich immer ein paar in der Schublade habe. Die finde ich auf Flohmärkten oder online.

Flicken
Aus Stoffresten und nicht mehr tragbarer Kleidung schneide ich kleine Kreise, Dreiecke oder andere Formen zu.

Für elastische Kleidung nehme ich auch elastische Flicken, für feste Kleidung feste Flicken. Die nähe ich von Hand auf. Alternativ können sie auch mit Textilkleber oder mit einer speziellen Klebefolie aufgebracht werden (nicht ganz Zero Waste, aber besser, als das ganze Kleidungsstück wegzuwerfen).

Kinderspielzeug

So wie Kleidung kann man auch Spielzeug und Bücher massenweise gebraucht kaufen. Oder ausleihen. Doch gibt es unendlich viele Möglichkeiten, sich als Kind ganz ohne spezielles Spielzeug die Zeit zu vertreiben.

Kinder lernen von klein auf, dass sie selbst wirken können. Das gibt ihnen Selbstbewusstsein und Selbstvertrauen, um später eigenständig Probleme und Herausforderungen zu meistern. Für uns heißt das, wir bereiten die Basis und leiten sie ein wenig an, erwarten aber auch von ihnen, dass sie selbst weiterdenken und sich überlegen, was sie machen können und wollen.

Daher bekommen sie Spielzeug und Bastelsachen, die möglichst wenig vorgeben. So können relativ wenige Dinge für viele verschiedene Spielvarianten eingesetzt werden.

Unsere Jungs spielen zwar auch mit der Eisenbahn, die Orlando schon als Kind hatte, oder mit den Legosteinen, aus denen ich Türme gebaut habe, sie haben aber auch große Schaumstoffkissen, die als Sitzlandschaft, Höhle, Schiff oder Schweinestall dienen, und ein überschaubares Sammelsurium an Blättern, Steinen, Stöcken, aus denen sie kleine Welten für ihre Spieltiere bauen.

Regelmäßig gehen wir durch die Dinge, die nicht mehr so genutzt werden, und checken, was noch bleiben darf und was weiterziehen soll. Weil wir intakte Spielsachen spenden, statt wegzuwerfen, fällt den Kindern das Aussortieren leicht, denn sie freuen sich, dass andere Kinder damit auch noch spielen werden. Das Ausmisten sollte nie unter Zwang geschehen und immer in entspannter Atmosphäre, damit sich das Trennen von Sachen nicht mit einem negativen Gefühl verknüpft.

Langeweile-Quengeln haben wir nie durch Snacks, Smartphone-Spiele oder Geräusche-Spielzeug abgestellt. Das mag manchmal unbequem sein, unsere Kinder hatten so aber die Möglichkeit, sich auf ihre Umgebung voll einzulassen, und nutzen heute das, was gerade vorhanden ist, um sich zu beschäftigen. Sie spielen Fußball mit Müll, der rumliegt. Sie gehen auf andere Menschen zu und verwickeln sie in Gespräche. Sie erklettern das Fahrradabteil im Zug. Sie bauen Höhlen und Häuser – egal wo, egal wie, mal nur bruchstückhaft, mal aufwendig. Es fasziniert mich, wie viele Ideen Kinder haben, auch weil sie noch nicht diesen Tunnelblick der Erwachsenen besitzen.

Improvisation spielen

Kastanienmemory

Besonders für kleinere Kinder, die mit einem echten Memoryspiel noch ihre Schwierigkeiten haben. Die hellen Flächen der Kastanien jeweils zweimal in derselben Farbe bemalen. Dazu Farbreste im eigenen Keller oder von Freunden sammeln. Das Bemalen ist gleichzeitig noch ein super Zeitvertreib mit den Kindern. Ist die Farbe getrocknet, kann es gleich losgehen. Mit dem vorherigen Sammeln der Kastanien, dem Bemalen und dem Memory-Spielen hat man insgesamt schon drei Spiele.

Höhlen und Tunnel bauen

Unsere Schaumstoffkissen verwenden wir dafür ebenso wie Tische, Stühle, Decken, Kissen, Vorhänge, Wäscheklammern und Pappkartons. Die Kinder lieben das Aufbauen und Verstecken genauso wie das anschließende und unvermeidliche wilde Zerstören. Wieder drei Spiele in einem.

Pappkarton-Exzess 01

Mit alten Pappkartons kann man allerlei veranstalten. Verstecken spielen, ein Puppenbett bauen, mit Wasserfarbe bemalen, einen Hindernis-Parcours zum Durchkrabbeln, Hüpfen, Fahren errichten oder einfach überstülpen und damit gegen Wände laufen.

Matratzen-Hüpfen

Selbst erklärend :)

Basteln & Malen

Wir nutzen unsere Mülleimer als Fundgrube für Bastelmaterial. Der Papierkorb ist frei zugänglich, und die Jungs können sich daraus nach Lust und Laune bedienen. Sie schneiden Dinge aus, kleben Sachen zusammen und bemalen sie. Ich lasse sie am liebsten einfach ausprobieren und experimentieren, und wir schauen, was am Ende dabei rauskommt. Kinder sind fantasievolle Wesen und beginnen irgendwann von ganz alleine, spezifischer und konkreter etwas aus den vorhandenen Materialien zu entwickeln.

Kneten
Aus Salzteig lassen sich kleine Anhänger oder Geschenke für die Großeltern basteln oder Lebensmittel für die Kinderküche, wie Brötchen und Eis.

Zutaten
➔ 300 g Salz
➔ 300 ml Wasser
➔ 600 g Mehl
➔ 1 EL Öl

So geht's
In einer Schüssel werden die Zutaten miteinander vermengt, danach kann der Teig auf dem Tisch geknetet werden.
   Zum Backen sollte die Temperatur nicht zu hoch sein, sonst bekommt der Teig Risse. Brot oder Brötchen, die ja eher dick sind, bei 60 Grad Celsius etwa drei Stunden im Ofen lassen, nach zwei Stunden prüfen, ob sich der Teig noch eindrücken lässt, dann weiterbacken. Sie sollten fest sein.
   Mit Wasserfarbe können die Teile nach dem Abkühlen bemalt werden.

Stempeln
Stempel aus Kartoffeln, Rotkohl und anderem Gemüse selber machen und damit Stoffe oder Papier bedrucken.

Spielzeug im Wald suchen

Wir gehen draußen sammeln und nutzen die Schätze für alle möglichen Szenarien oder zum Basteln. Kastanien und Blätter werden zu Halsketten, zu kleinen Tieren, zu einem gemütlichen Bett, einem Zaun für die Tiere im Zoo. Stöcke nehmen wir zum Beispiel als Zauberstab, als Schwerter, Trommelstöcke, Kochlöffel oder für die Laterne zum Martinsumzug, in die wir ganz *old school* eine echte (!) Kerze in der Mitte platzieren.

Kindergeburtstag

Heißt bei uns bisher: Kuchen backen, Waffelteig in rauen Mengen produzieren und die Kinder einen Nachmittag lang alle auf einen Haufen packen. Hugos vierten Geburtstag haben wir gleich mit unserer Wohnungseinweihung und meinem vierunddreißigsten Geburtstag zusammengelegt, weil die Gäste in allen drei Fällen dieselben gewesen wären. Die Party war megaentspannt, und alle waren glücklich.

Langsam fangen die Kids an, sich ein Programm zu wünschen, aber ich habe oft den Eindruck, dass Eltern es dann mit dem Aufwand übertreiben. Alles ist durchorganisiert, und es gibt feste Programmpunkte: Geschenkezeit, Kuchenzeit, Spielzeit, am Schluss gibt es noch Tütchen mit Spielzeug aus dem 1-Euro-Shop, das schon beim ersten Ausprobieren nicht richtig funktioniert.

Natürlich ist es toll, wenn im Lauf des Nachmittags mal alle Kinder am Tisch sitzen. Aber im Ernst: Jeden einzelnen Tag im Leben eines Kindes bestimmen Erwachsene, wie es läuft und was gemacht wird. Jeden einzelnen Tag mischen wir uns ein, unterbrechen unsere Kinder in ihrem Tun, weil wir einen Plan haben. Lassen wir sie doch wenigstens einen Tag im Jahr einfach in Ruhe.

Werden die Erwartungen nicht durch uns Erwachsene

künstlich hochgeschraubt, sind die Wünsche für den Kindergeburtstag meist ganz simpel. Hugo wünscht sich Waffeln, aber in Herzform, also leihen wir zwei Herzform-Waffeleisen für den Tag aus. Kasimir wünscht sich einen »Sankt-Smarties-Kuchen«, auch kein Problem, dann kaufen wir mal eine Packung Smarties.

Bisher waren unsere Geburtstagsfeste immer besondere Tage ohne Stress. Es gab Lieblingsessen, Lieblingsspiele und Lieblingsmenschen, und ich glaube, je größer der Aufwand, desto höher die Erwartungshaltung eines perfekten Tages, desto höher der Stressfaktor bei allen Beteiligten und desto größer die Wahrscheinlichkeit, dass irgendwann alle am Rad drehen.

Spiele
Wenn die Kinder älter sind und etwas mehr Unterhaltung brauchen, gibt es viele Spiele, die kein aufwendiges Equipment brauchen, zum Beispiel die guten, alten Klassiker wie Topfschlagen, Sackhüpfen, Blinde Kuh, Dosen-/Klorollenwerfen.

Pappkarton-Exzess 02
Die Geburtstagsgäste bitten, aussortierte Kartons mitzubringen, und die Größe angeben. Achtung: Hier wird mit Müll gespielt, der am Ende möglicherweise in der eigenen Tonne landet! Eventuell zusätzlich Bastelmaterial, Scheren, Kleber, Schnüre, Stifte, Stoffreste.

Je nach Alter können die Kinder im Karton sitzen, ihn von innen bemalen. Aus den Kisten Häuser, Kasperletheater oder Roboterkostüme bauen. Ein Labyrinth mit Tunneln kann entstehen. Die Kinder können ihrer Neugier freien Lauf lassen.

Pantomime-Kette
Alle Kinder stehen in einer Reihe. Das erste denkt sich einen alltäglichen Bewegungsablauf aus (Baby wiegen, staubsaugen etc.) und spielt ihn seinem Vordermann vor. Alle anderen drehen den beiden dabei den Rücken zu. Meint der Zuschauer den Begriff erkannt zu haben, spielt er ihn wiederum seinem Vordermann vor und so weiter. Das letzte Kind nennt den Begriff. Ist es der, den sich das erste Kind ausgedacht hat?

Geschenktüten
Geschenktüten finde ich so merkwürdig wie Geschenke für die Geschwister des Geburtstagskindes. Alles aus Plastik, das Spielzeug innerhalb eines Tages kaputt, oder es hat nie richtig funktioniert. Für einen Dreijährigen kann das ganz schön frustrierend sein. Kinder vermissen die Geschenktüten erst dann, wenn wir Erwachsenen diese kleinen Müllteufel hartnäckig etabliert haben.

Es bleibt doch immer etwas vom Essen übrig, warum also nicht einfach ein Extrastück Kuchen mitgeben?

Und wenn wirklich der Wunsch vom Kind ausgeht, seinen Gästen etwas mitzugeben, dann könnte das auch aus einem Spiel am Nachmittag hervorgehen:
- → Eine Halskette aus Popcorn zum Aufknabbern
- → Nussschalen-Kerzen mit Wachsresten
- → Salzteigfiguren
- → Blumenkranz
- → Naschzeug vom Topfschlagen (unser aktueller Klassiker gegen Ende der Party)

Feste feiern

Feste sind etwas Wunderbares. Vor allem diejenigen, die wir mit unseren Liebsten feiern. Und darum geht es ja auch. Es geht darum, eine gute Zeit mit den Menschen zu verbringen, die uns nahestehen. Und wenn man mit den richtigen Menschen feiert, wenn sich alle ehrlich und aufrichtig mögen, ist das Drumherum nicht wichtig.

Rituale

»Das haben wir schon immer so gemacht.«

Die Kommerzialisierung sämtlicher Feierlichkeiten, ob Ostern, Weihnachten, Karneval, hat in Teilen die Tradition ersetzt. Manchmal vergessen wir den Ursprung eines Festes. Ob wir nun religiös sind oder nicht, spielt dabei, wie ich finde, nicht so eine große Rolle. Aber wenn wir uns bewusst machen, warum wir Feste im Jahr feiern, können wir uns Rituale überlegen, manche wiederaufleben lassen oder festigen.

Geschenke

Es ist ein langer Prozess, dem eigenen Umfeld zu verklickern: Wir wollen jetzt bitte keine Geschenke mehr. Oder nur wenige. Oder nur Sachen, die auf unserem Wunschzettel stehen.

Gebt anderen Zeit, sich daran zu gewöhnen. Erinnert immer wieder daran. Überlegt euch konkrete Alternativen, die andere euch oder euren Kindern schenken können. Spendet Geschenke, mit denen ihr nichts anfangen könnt, oder schenkt sie weiter an Leute, die einen Nutzen davon haben. Es ist für viele Menschen schwierig, das Nicht-Schenken zu akzeptieren, weil wir über all die Jahre gelernt haben, dass uns Dinge glücklich machen.

Schenkt selbst nicht viel und am besten Erlebnisse statt Sachen. Wenn wir eine Idee für unsere Kinder haben, geben wir sie oft weiter an die Familie und halten uns beim Schenken dann zurück. Schreibt eine Familienwunschliste und haltet sie aktuell. So gibt es immer ein paar Dinge oder Erlebnisse, die ihr anderen als Geschenkempfehlung geben könnt.

Hugo wurde mal gefragt: »Na, was wünschst du dir denn zu Weihnachten?« Er hatte kurz zuvor seinen lang ersehnten Roller zum Geburtstag bekommen, und ihm fiel nichts ein. Die Reaktion auf sein Schweigen: »Mhh, ja. Es gibt einfach so viele tolle Sachen, die man sich wünschen kann, gell?!«

Besonders kleinere Kinder haben oft sehr bescheidene, aber innige Wünsche und übernehmen erst mit der Zeit die Erwartungshaltung der Großen.

Ostern

Back to Basic: Sole-Eier und ein frischer Hefezopf mit selbst gemachter Marmelade.

Wenn wir mit der Familie feiern, klären wir vorher, wer die Osterkörbchen füllt. Oft sind das die Großeltern, und falls nicht, versuche ich Schokohasen und Naschzeug unverpackt zu besorgen.

Die Jungs sammeln etwas Moos und Blümchen für das Osterkörbchen

Auch sonst verwenden wir zur Deko das, was unsere Umgebung gerade hergibt. Aus der Kita werden bemalte Eier oder etwas Gebasteltes mitgebracht. Ein paar Frühjahrsblüher aus dem Garten dürfen auch auf den Tisch.

Weihnachten

Fast 30 Millionen Weihnachtsbäume werden jedes Jahr in Deutschland verkauft, die auf mehreren Zehntausend Hektar Land wachsen. Acht Jahre lang, um für ein paar Tage in unseren Wohnzimmern zu stehen.

Auf den meisten Weihnachtsbaumplantagen wird mit umweltschädlichen Dünge- und Schädlingsbekämpfungsmitteln gearbeitet, wenige Flächen werden nachhaltig und umweltschonend bewirtschaftet.[50]

Also ein Plastikbaum? Ja. Wenn er 20 Jahre im Einsatz ist. Davor soll seine Bilanz schlechter sein als die eines echten Baums, denn der ist in seiner kurzen Wachstumsphase immerhin noch CO_2- und Feinstaubspeicher und produziert Sauerstoff – je länger er wachsen konnte, desto besser.

Weihnachtsbaum oder nicht? Die Frage ist doch: Wie wichtig ist der Baum für uns selbst? Kaufen wir einen, weil man das so macht? Welche Alternative würde uns stattdessen Freude machen?

Ich mag die Tradition des Weihnachtsbaums, das Schmücken, das Leuchten. In unserer Familie steht einfach nur dort ein Baum, wo auch Weihnachten gefeiert wird. Für unsere Wohnung sind uns ein paar Tannenzweige genug, und irgendjemand im Freundeskreis hat immer eine Hecke zu schneiden.

Wichteln

Besonders für große Kinder und Erwachsene kann es eine schöne Alternative an Weihnachten sein, wenn ausgelost wird, wer wem etwas schenkt. Wir machen das in unserer Familie mittlerweile so und der Vorschlag kam nicht mal von mir!

Ende Gelände

Viele Menschen gruselt die Vorstellung, aber: Irgendwann ist auch das schönste aller Leben mal vorbei.

Als mein Opa starb – leider viel zu früh –, habe ich mir viele Gedanken darüber gemacht, was für merkwürdige Dinge sich am Lebensende und bis zu dem Zeitpunkt abspielen, an dem wir unter der Erde liegen.

Es gibt Sterbeversicherungen, manche Menschen sparen schon Jahre vorher für ihre Beerdigung und die Unterhaltskosten für das Grab. Möglicherweise muss die Familie noch einen Kredit aufnehmen. Außer zu unserem Tod gibt es wahrscheinlich nur eine Feier im Leben, die so teuer und verschwenderisch ist: unsere Hochzeit. Nur dass wir selbst dann nicht mehr mitfeiern.

Ein Redner, der uns nicht kennt, verwechselt Bruder mit Sohn, geschmacklose Blumenkränze, ein teurer Sarg aus massivem Holz, wir liegen gebettet auf Polyesterkissen. Und sind selbst so schadstoffbelastet wie Sondermüll. Ich weiß nicht genau, warum dieser Aufwand betrieben wird, könnten die Hinterbliebenen ihren Verlust, ihre Trauer, ihr Gedenken doch auch anders zeigen. Vielleicht ist es so einfach am lukrativsten für die Bestattungsindustrie.

Ich glaube, wir denken darüber nicht nach, weil wir uns so fürchten vor unserem Lebensende und was dann kommt. Wenn ich zu meinem Mann hin und wieder sage: »Wenn ich mal tot bin, dann ...«, bekommt er die Krise. Als würde allein der Gedanke daran den Tod ein bisschen näher bringen.

Nachdem mein Opa gestorben war, habe ich trotzdem darüber nachgedacht, wie ich irgendwann einmal verabschiedet werden möchte und ob es wichtig ist, ein Grab auf dem Friedhof zu haben, mit Blumen darauf. Reicht es vielleicht, wenn sich meine Familie, meine Freunde an mich erinnern, oder sollen sie sich über den Tod hinaus noch um die Pflanzen auf meinem Grab kümmern (müssen)? Die Urne meiner Tante wurde im Wald vergraben. Was für ein toller Ort, so friedlich und doch so voller Leben.

Manchmal vermissen meine Kinder ihren Uropi. Dann unterhalten wir uns ein bisschen über ihn. Ich erzähle eine Geschichte, die ich mit ihm erlebt habe. Vielleicht gucken wir in den Sternenhimmel, suchen uns einen Stern und stellen uns vor, dass er uns von da oben beim Leben zuschaut.

Was mit uns nach dem Tod passiert, ist eine sehr persönliche Entscheidung, aber wie so oft wird sie von den Erwartungen und Gewohnheiten anderer beeinflusst. Und wir beeinflussen unsere Nächsten mit der Entscheidung, die wir zu unserem Tod treffen – oder auch nicht. Wie soll unsere Beerdigung sein? Entscheiden wir uns für das, was wir als richtig erachten, oder für eine Zeremonie, die den Hinterbliebenen wichtig ist? Und was wollen wir anderen hinterlassen? Wir alle versammeln in unseren Wohnungen, Häusern und Garagen Erfahrungen, Erinnerungen, Dinge. Was davon bringt uns zu Lebzeiten einen Mehrwert? Was wollen wir unseren Hinterbliebenen zumuten? Wie sehr sollen sie sich nach unserem Tod mit alldem beschäftigen? Vielleicht holen sie Dinge aus den Schubladen, von deren Existenz sie lieber nichts gewusst hätten. Nach dem Tod müssen unsere Liebsten entscheiden, was sie aufheben, was sie aufheben »müssen«, was wegkann. Der Verlust macht dieses letzte Aussortieren so schwierig.

Ein halbes Jahr bevor mein Opa starb, zogen er und meine Oma von ihrem großen Haus in eine kleinere Wohnung. Sie nahmen nicht viel mit, nur das, was ihnen am Herzen lag, was für sie von Bedeutung war. So vieles blieb im Haus, ungesehen, weil es in der neuen Wohnung nicht fehlte. Sie wollten nicht mehr zurückblicken. Für meine Oma war es so viel leichter, nach dem Tod ihres Mannes weiterzuleben. Sie konnte sich auf das Trauern, das Abschiednehmen konzentrieren und auf den Blick nach vorne. Auch das hat mit Zero Waste zu tun: Wenn wir all die unnötigen Dinge rechtzeitig entsorgen, bleibt uns am Lebensende nicht das, was uns belastet, uns kostbare Zeit raubt, sondern eben das, was uns am Herzen liegt.

Und jetzt?

Ist es schwierig, auf so vieles zu verzichten?

Das werde ich immer wieder gefragt, wenn es um Zero Waste geht. Ich könnte auch zurückfragen. Der Zustand, der als normal angesehen wird – Konsum, ob es der Geldbeutel hergibt oder nicht, meist gesteuert durch Werbung, durch Erwartungen anderer, durch den Druck, wie etwas zu sein hat oder einfach durch Impulse: Bedeutet das nicht Verzicht?

Wir haben aufgehört, uns Dinge anzuschaffen, die wir nicht brauchen und die uns nicht glücklich machen. Ist das Verzicht? Wenn wir uns die beste Qualität an Lebensmitteln leisten können, weil wir keinen überflüssigen Plunder mehr anhäufen? Wenn wir mehr Zeit für unsere Kinder haben, für unsere Familie, weil wir kein Geld für etwas verdienen müssen, mit dem wir anderen zeigen, was wir uns leisten können, obwohl wir es überhaupt nicht wollen?

Menschen definieren sich heute oft nicht mehr über das, was sie sind, sondern was sie besitzen. Dabei: Ein toller Hecht ist man nicht wegen der fetten Karre, die vor der Garage steht, weil die vollgestopft ist mit Sachen, die man sonst nicht mehr unterbringt. Ein toller Hecht ist, wer gute Ideen hat, die Welt verändert, seine Kinder mit Geduld und Liebe aufwachsen lässt, smart ist. Und glaubwürdig.

Zero Waste ist nicht bloß unverpackt einkaufen. Unverpackt einkaufen ist toll, weil wir einfach nur das nehmen, was wir auch wirklich nutzen. Und das fängt bei den zwei Paprika an, die wir brauchen, von denen wir im normalen Supermarkt aber drei kaufen müssen, weil es sie nicht einzeln gibt. Unverpackt einkaufen macht Zero Waste sicht- und greifbar. Es sieht schön aus.

Zero Waste ist auch nicht alles selbst machen. Zero Waste ist nicht, alles Plastik wegzuschmeißen und durch Edelstahl und Holz zu ersetzen.

Zero Waste ist einfach. Es bedeutet, das eigene Leben von vielem zu befreien, das belastet und ausbremst.

Die ganz große Verschwendung, der ganz große Müll, der ganz große Gau passiert in der Industrie. Und die können wir beeinflussen. Indem wir unsere Kaufentscheidung nicht mehr so leicht treffen, sondern bewusst. Indem wir auf das eine perfekte Kleidungsstück warten, statt zehn So-lala-Teile zu shoppen. Indem wir gebraucht kaufen und dadurch die Chance haben, haltbare Produkte zu erstehen.

Wir können das Fitnessstudio kündigen und mit dem Fahrrad fahren. Seltener Flugreisen unternehmen, dafür dann länger verreisen, um unseren Horizont zu erweitern. Glück und Belohnung nicht beim Shoppen nutzloser Dinge suchen, sondern Freunde treffen oder etwas mit der Familie unternehmen.

Das ist Zero Waste. Für uns. Und deshalb finden wir es so einfach.

Durch den Weg, den unser Leben genommen hat, fühlen wir uns freier. In unseren Entscheidungen, in unserem Jetzt und für die Zukunft. Auf diese Freiheit würden wir verzichten, wenn wir den normalen Weg gingen. Und so ist Zero Waste ein Gewinn. Wie konsequent man dazu in der Lage ist, sein Leben zu verändern, ihm eine neue Richtung zu geben, muss, kann und darf jeder selbst entscheiden. Es gehört Mut dazu. Aber: Mut. Wird. Immer. Belohnt.

Nachwort

2017 hatte ich eines Tages eine Nachricht in meinem Facebook-Postfach. Von einer Cindy. Die schrieb mir, sie sei Lektorin beim Lübbe Verlag, habe meinen Blog entdeckt und wolle mal fragen, ob ich mir vorstellen könnte, über unsere Zero-Waste-Familie ein Buch zu schreiben. Ich antwortete erst mal nicht. Ich wunderte mich. Ein Buch schreiben. Meinte sie das ernst? Schrieb man so was einfach bei Facebook? War das eine offizielle Anfrage, oder wollte mich jemand verarschen? Ein paar Tage später erzählte ich das meinem Mann. »Hast du schon zurückgeschrieben?«, fragte er. »Nee, wollte ich aber jetzt mal machen«, antwortete ich. Hab ich gemacht, mich mit Cindy getroffen – und tatsächlich, das war ein ernst gemeintes Angebot.

Und dann habe ich mich gefragt, ob das okay ist. Ein Buch zu schreiben, auf Papier gedruckt, vielleicht landet es am Ende reihenweise im Müll, wertlos. Und doch habe ich mich entschieden, es zu tun. Weil es die beste Gelegenheit ist, Menschen zu erreichen, die sich mit dem Thema noch nicht so auseinandergesetzt haben. Gerade mit einem Verlag an meiner Seite, der so viele Leser erreicht und nicht nur auf Umweltthemen spezialisiert ist. Weil ich in einem Buch alles, was wichtig ist, übersichtlich zusammenfassen kann. Weil ich trotz Zero Waste und trotz Digitalisierung an die Macht der Bücher glaube und digitale Schriften für mich als Bücherliebhaberin das Wort auf Papier ergänzen, aber nie ersetzen können. Und weil ich gemerkt habe, mit welcher Begeisterung das Thema

Zero Waste und mein Buch im Verlag aufgenommen wurden. Kurzum: Ich musste es einfach tun und hoffe, dass ich mit diesem Buch einen Beitrag und Mehrwert leisten kann, um die Botschaft zu verbreiten, dass Müll, egal welcher Art, irgendwie Mist ist.

Danke

Ein Buch zu schreiben ist eine besondere Herausforderung, und ich bin froh über jede Unterstützung und Inspiration in dieser intensiven Zeit. Diesen Menschen möchte ich hier in loser Reihenfolge danken.

Orlando
Kasimir
Hugo
Cindy
Angela
Mama
Papa
Dodo
Birgitta
Helene
Ruth
Olga
Gregor
Lena
Vanessa
Martin
Katta
Onkel Sascha

Und all denen, die den Mut haben, etwas zu verändern. Ein paar von ihnen habe ich in diesem Buch genannt. Diese Menschen haben sich nicht fürs Grübeln entschieden, sondern fürs Machen. Schritt für Schritt. Und dafür bin ich ihnen unendlich dankbar.

Anhang

Adressen

Im Folgenden habe ich eine kleine Auswahl an Adressen zusammengestellt, die ich hilfreich finde, um Müll zu reduzieren. Weitere Infos stehen in meinem Blog simplyzero.de.

c2c-ev.de – Cradle to Cradle e.V. zertifiziert Produkte von Unternehmen, die nach ihrer Nutzungsdauer zurückgenommen und zu neuen Produkten verarbeitet werden.

Zero-Waste-Modelabels
ergobag.de – Ergonomische & schadstofffreie Schulrucksäcke aus recycelten PET-Flaschen. Stoffreste werden unter anderem als Füllmaterial genutzt.
mudjeans.eu – Kreislaufwirtschaft. Vor allem Jeans werden aus Recyclingstoffen genäht, getragene Jeans können zurückgeschickt werden, um zu Jeansstoff oder Upcycling-Jeans verarbeitet zu werden. Bieten Jeans-Leasing an.
reetaus.com – Upcycling aus Stoffresten und Überproduktion der Textilindustrie. Selbst Garne, Knöpfe und andere Zutaten werden so ausgewählt.
vaude.de – Das Outdoorlabel ist konsequent nachhaltig und sozial von der Faser bis zum Produkt und verbessert sich kontinuierlich (Mikrofasern aus Holz, Mietsystem für Ausrüstung, Upcycling-Werkstatt, Reparaturservice, Recyclingmaterialien etc.).

Lebensmittel
the-good-food.de – Beste Reste und krummes Gemüse in Köln-Ehrenfeld.
chiemgaukorn.de – Getreide, Mehle, Grieß und Linsen in Papiertüten, verschiedene Größen bis 10 Kilo.

Großgebinde
violey.com – Reinigungsmittel in Großgebinden, Shampoos-Familienpackungen und Shampoobars, einige Trockenlebensmittel in Familiengröße, Teegroßpackungen. Versand erfolgt mit recycelten und recycelbaren Materialien, und auch sonst wird gerne auf Kundenwünsche bezüglich Verpackung eingegangen.
sonett.eu – Ökologische Reinigungs- und Waschmittel in Großgebinden bis 20 Liter direkt vom Hersteller.
gesundwerk.de – Onlineshop und Bauhandel. Verpackt in Recyclingkarton und verzichtet auf unnötige Verpackung.

Empfehlenswerte Shops bzgl. Verpackung und Produkten
monomeer.de – »Alles ohne Plastik«. Onlineshop.
najoba.de – Zao Kosmetik, auch Refills.
woodberg.de – Onlineshop und Ladengeschäft in Darmstadt. Große Auswahl an Körperseifen, Shampoobars und anderen Pflegeprodukten. Umweltfreundliche Papierverpackung. Die besten Rasierer und Rasierklingen.

Tiny Houses
tiny-houses.de – Alles zum Wohnen auf kleinem Raum in Deutschland, hiesiges Baurecht, Hersteller, Bauanleitungen etc.

futteralhaus.com – Genial simples Design in drei Varianten für Singles, Paare und Familien.
wohnwagon.at – Autark mit Grünkläranlage, in Österreich gefertigt.

Mehr, mehr, mehr Infos zu den Themen Müll, Plastik, Lebensmittelverschwendung

resterechner.de – Jedes Jahr werfen wir in Deutschland fast ein Drittel aller eingekauften Lebensmittel in den Müll. Der Resterechner zeigt, was in unserem Essen steckt: jede Menge Energie und nicht selten eine hübsche Summe Geld. Wie viel das ist, kann man auf der Website in Erfahrung bringen. Einfach ein Nahrungsmittel auswählen, in die virtuelle Tonne werfen – und überraschen lassen!
foodsharing.de – Die Plattform gegen Lebensmittelverschwendung. Restekorb eintragen und verschenken, selbst welche in der Nähe finden oder den nächsten Fairteiler suchen. Dort werden Lebensmittel von umliegenden Einzelhändlern gesammelt, die nicht an die Tafeln verteilt werden können.
mundraub.org – Überall wächst Essbares, und viel zu oft kommt niemand, um die Früchte zu ernten. Auf mundraub.org kann man suchen und selbst eintragen, wo es Äpfel zu pflücken, Pilze zu finden und Beeren zu naschen gibt. Einzige Voraussetzung: Erlaubt muss das Ernten sein!
zugutfuerdietonne.de – Die Seite vom Bundesministerium für Ernährung und Landwirtschaft für Resteessen. Einfach die Zutaten eingeben, die wegmüssen, und überraschen lassen, was die höchste Ebene als Gericht vorschlägt.

Wohin mit den Sachen?

Etwa ein Fünftel der Menschen, die in Deutschland leben, sind per Definition arm oder akut von Armut bedroht. Dies trifft besonders häufig Alleinstehende, Alleinerziehende und Kinder. Es fehlt an allem, was die meisten von uns reichlich haben und unbekümmert wegwerfen. Deshalb führe ich hier einige Adressen auf, an die man aussortierte und nicht mehr benötigte Sachen spenden kann. Je nach Empfängerkreis werden selbst Unterwäsche, Socken, Büromaterial, Schulzeug etc. angenommen. Es ist beschämend, dass so etwas im viertreichsten Land der Welt überhaupt nötig ist. Und gleichzeitig ein hervorragender Grund, unsere Regalhüter schleunigst denen zur Verfügung zu stellen, die sie wirklich dringend benötigen und auch nutzen.

Der beste Weg ist, den entsprechenden Ortsverband herauszusuchen und konkret nachzufragen, welche Spenden gebraucht werden. Hat man den passenden Partner gefunden, kann sich das als feste Anlaufstelle etablieren.

→ SKM e.V. – skmev.de
  Sozialdienst katholischer Männer. Betreiben Kleiderkammern und Sozialkaufhäuser. Gliedern Langzeitarbeitslose und schwer vermittelbare Erwachsene wieder in die Arbeitswelt ein.

→ SKF e.V. – skf-zentrale.de
  Sozialdienst katholischer Frauen. Engagieren sich besonders für Mütter/Familien und Kinder.

→ Caritas – caritas.de
  Die Caritas unterhält verschiedene Einrichtungen, bei denen Sachspenden gebraucht werden.

→ Deutsches Rotes Kreuz – drk.de
  Das Rote Kreuz betreibt Kleiderkammern, in denen sich Bedürftige mit Nachweis Kleidung holen können. Wei-

terhin gibt es noch Kleiderläden und Kaufhäuser, die allen anderen ebenfalls zur Verfügung stehen. Beide nehmen unterschiedliche Arten von Sachspenden an, einfach nachfragen.

Quellenverzeichnis

1 Vgl. hier und im Folgenden »Plastic Planet«, ein Film von Werner Boote. Österreich 2009. Mehr zum Film und dem dazugehörigen Buch siehe http://www.wernerboote.com/cms/wernerboote/index.php?idcatside=85 [letzter Abruf 27.04.2020]
2 Vgl. Florian Schreckenbach: »Gibt es heute wieder Plastik zu essen?« Nachhaltig-sein.info 2015; http://nachhaltig-sein.info/lebensweise/plastik-kunststoff-folgen-mensch-tiere-umwelt-gesundheit [letzter Abruf 27.04.2020]
3 Vgl. Florian Rinke: »Indien versinkt im Müll«, in: Rheinische Post (RP) v. 14.02.2017; http://www.rp-online.de/politik/indien-versinkt-im-muell-aid-1.6604727 [letzter Abruf 27.04.2020]
4 Siehe z.B. Michael Billig: »Der große Fluff«, in: WirtschaftsWoche v. 08.11.2014; https://www.wiwo.de/technologie/green/recycling-der-grosse-fluff/13550586.html [letzter Abruf 27.04.2020] und ders.: »Recherche im Zahlenmüll«, in: WirtschaftsWoche v. 08.11.2014; https://www.wiwo.de/technologie/green/abfall-statistik-recherche-im-zahlenmuell/13550592.html [letzter Abruf 27.04.2020]
5 Siehe z.B. Klaus Sieg: »Afrika hat ein Hühner-Problem«, in: RP v. 17.01.17; http://www.rp-online.de/politik/afrika-hat-ein-huehner-problem-aid-1.6538099 [letzter Abruf 27.04.2020], »Billigfleisch für Afrika«, in: Die Zeit v. 20.01.15; http://www.zeit.de/wirtschaft/2015-01/exporte-gefluegel-afrika [letzter Abruf 27.04.2020] und »Was vom Hühnchen übrig blieb«, in: 3sat nano v. 21.10.14
Die Informationsgemeinschaft Deutsches Geflügel äußert sich dazu online in folgendem Artikel: https://www.gefluegel-charta.de/blog/blogdetail/news/die-gefluegelwirtschaft-exportiert-unmengen-an-billigem-gefluegelfleisch-nach-afrika-und-ruiniert-dort-die-maerkte/ [letzter Abruf 7.5.2018]
6 Siehe: »China will Europas Müll nicht mehr«, in: tagesschau.de v. 18.04.18, https://www.tagesschau.de/ausland/muell-china-103.html [letzter Abruf 7.5.2018]
7 Bea Johnsons Blog siehe https://zerowastehome.com [letzter Abruf 27.04.2020]
8 Vgl. Bea Johnson: »Glücklich leben ohne Müll!«. Kiel 2016 sowie den Blog

von Bea Johnson. Sie kommuniziert die 5 R auch sonst und auf ihrem Blog https://zerowastehome.com

9 Vgl. »Was ist Plastik? Kunststoff Herstellung, Recycling & Co.«, in: Care-Elite Blog (Christoph) v. 15.08.17; https://www.careelite.de/was-ist-plastik/ [letzter Abruf 27.04.2020]

10 Siehe: »Fragen & Antworten: Recyclingpapier«, in: Münchner Stadtgespräche Nr. 78/Dezember 2017

11 BUND: »Schadstoffe in Plastik«, auf: bund.net o.J.; https://www.bund.net/themen/chemie/achtung-plastik/schadstoffe-in-plastik/ [letzter Abruf 27.04.2020]

12 »Sicherheitshinweise auf Alufolien: Gesundheitsgefahr nicht ausgeschlossen«, Verbraucherzentrale Hessen v. 06.07.2017; https://www.verbraucherzentrale-hessen.de/wissen/lebensmittel/alufolie-gefahr-fuer-die-gesundheit-17347 [letzter Abruf 27.04.2020]

13 Hier und im Folgenden a.a.O. (Fußnote 12)

14 Vgl. Bundesministerium der Justiz und für Verbraucherschutz: Verordnung über Anforderungen an die Hygiene beim Herstellen, Behandeln und Inverkehrbringen von Lebensmitteln (Lebensmittelhygiene-Verordnung – LMHV). § 3 Allgemeine Hygieneanforderungen, siehe: https://www.gesetze-im-internet.de/lmhv_2007/__3.html [letzter Abruf 27.04.2020]

15 Vgl. Bundesministerium für Umwelt, Naturschutz und nukleare Sicherheit: »Konsum und Ernährung« o. J.; https://www.bmu.de/themen/wirtschaft-produkte-ressourcen-tourismus/produkte-und-konsum/produktbereiche/konsum-und-ernaehrung/ [letzter Abruf 27.04.2020]

16 A.a.O. (Fußnote 26); die Zahlen sind gerundet.

17 Siehe: Bundesministerium für Ernährung und Landwirtschaft: »Wie viel werfen wir weg?«, in: »Warum werfen wir Lebensmittel weg?« o.J.; https://www.zugutfuerdietonne.de/hintergrund/ [letzter Abruf 27.04.2020]

18 »Ermittlung der weggeworfenen Lebensmittelmengen und Vorschläge zur Verminderung der Wegwerfrate bei Lebensmitteln in Deutschland«, Projekt der Universität Stuttgart, gefördert durch Bundesministerium für Ernährung und Landwirtschaft 2011/2012; https://bit.ly/3eXH9kI [letzter Abruf 27.04.2020]

19 Bernadette Wörndl: »Von der Schale bis zum Kern – Vegetarische Rezepte, die aufs Ganze gehen«, München 2014

20 Vgl. Elizabeth Royte: »Der hohe Preis der Verschwendung«, in: National Geographic 11/2014; http://www.nationalgeographic.de/umwelt/der-hohe-preis-der-verschwendung [letzter Abruf 7.5.2018]

21 Vgl. Alexandra Rank: »Putzmittel ähnlich gefährlich wie Rauchen«, in: WDR Wissen; https://www1.wdr.de/wissen/gefahr-durch-putzmittel-100.html [letzter Abruf 7.5.2018]

22 Siehe Bundesinstitut für Risikobewertung: »Verbrauchertipps zu Le-

bensmittelhygiene, Reinigung und Desinfektion«, in: Information des BfR o.J.; http://www.bfr.bund.de/cm/350/verbrauchertipps_zu_lebensmittelhygiene_reinigung_und_desinfektion.pdf [letzter Abruf 7.5.2018]

23 Siehe: Dorothee Schulte: »Sauber, sauberer, krank«, in: Spektrum der Wissenschaft. 08.02.10; http://www.spektrum.de/alias/dachzeile/sauber-sauberer-krank/1019981 [letzter Abruf 7.5.2018] und »So schädlich sind antibakterielle Reiniger«, in: NDR Ratgeber v. 30.08.17; https://www.youtube.com/watch?v=7IK8aNA6dHs [letzter Abruf 7.5.2018]

24 Prof. Dr. Christoph Rülcker, a.a.O. (Fußnote 24)

25 Siehe »Belasten moderne Waschmittel die Umwelt?«, Das Erste o.J.; http://www.daserste.de/information/ratgeber-service/haushaltscheck/03112014-haushalts-check-2-waschmittel-umwelt-100.html [letzter Abruf 7.5.2018]

26 A.a.O. (Fußnote 2)

27 Siehe »Buy One, Give One. Ein Leben verändern«, Information über das Programm von Ruby Cup; http://rubycup.com/de/wie-wir-geben/ [letzter Abruf 7.5.2018]

28 Siehe: »Lokal liefern lassen – so funktioniert's«, Kiezkaufhaus – Rubrik »Über uns«; https://www.kiezkaufhaus.de/about.php [letzter Abruf 7.5.2018]

29 Siehe Fabian Warzecha: »Der Kampf um das Geld der Kinder«, medien-Report v. 11.03.13; https://medien-mittweida.de/kinder-werbung/ [letzter Abruf 7.5.2018]

30 Siehe »Minimalism: A Documentary About the Important Things«, ein Film von Matt D'Avella, USA 2016

31 Siehe z.B. Elisabeth Raether und Tanja Stelzer: »Süße Geschäfte«, in: Die Zeit v. 08.05.13; http://www.zeit.de/2013/20/kinder-marketing-werbung [letzter Abruf 7.5.2018]

32 Frank Koschembar, a.a.O. (Fußnote 30)

33 Siehe: »Konsumkollaps durch Fast Fashion«, Greenpeace Hamburg o.J.; https://www.greenpeace.de/sites/www.greenpeace.de/files/publications/s01951_greenpeace_report_konsumkollaps_fast_fashion.pdf [letzter Abruf 7.5.2018]

34 Siehe plan b: »Mode ohne Makel«, ZDF v. 16.05.18; https://www.zdf.de/gesellschaft/plan-b/plan-b-mode-ohne-makel-100.html [letzter Abruf 7.5.2018]

35 Hier und im Folgenden siehe: »The True Cost – Der Preis der Mode«, ein Film von Andrew Morgan, Deutschland 2015

36 A.a.O. (Fußnote 36)

37 A.a.O. (Fußnote 34)

38 A.a.O. (Fußnote 36)

39 A.a.O. (Fußnote 35)

[40] Siehe: »Altkleidersammlungen in Deutschland – Zahlen, Daten, Fakten«, in: Altkleider-Blog auf fairwertung.de o.J.; http://www.fairwertung.de/blog/blog.21/index.html [letzter Abruf 7.5.2018]

[41] Vgl. »Wegwerfware Kleidung«, Repräsentative Greenpeace-Umfrage, Hamburg 2015; https://www.greenpeace.de/files/publications/20151123_greenpeace_modekonsum_flyer.pdf [letzter Abruf 7.5.2018]

[42] Margot Guralnick: »Living Large in 675 Square Feet, Brooklyn Edition«, Remodelista; http://tinyurl.com/ya2dsx3v [letzter Aufruf 8.6.2018]

[43] Siehe »Kaufen für die Müllhalde«, eine Dokumentation von Article Z (Arte F), Frankreich 2010; https://www.arte.tv/de/videos/042441-000-A/kaufen-fuer-die-muellhalde/ [letzter Abruf 7.5.2018]

[44] Siehe »Giftiger Export – Der Handel mit Elektromüll«, eine Dokumentation von planet e./ZDF v. 04.09.16; https://www.zdf.de/dokumentation/planet-e/illegale-entsorgung-von-deutschem-elektroschrott-im-ausland-100.html [letzter Abruf 7.5.2018] und »Toxic City. Deutscher Giftschrott für Ghana«, ein Film von Christian Bock, zoom+/ZDF v. 19.06.13; https://www.zdf.de/dokumentation/zdfzoom/toxic-city-102.html [letzter Abruf 7.5.2018]

[45] Vgl. Annette Becker (Hg.) et al.: »Bauen und Wohnen in Gemeinschaft« – Buch zur Ausstellung »Daheim« im Architekturmuseum DAM Frankfurt/Main, Berlin 2015

[46] »Automobilindustrie trägt 4,5 % zur Bruttowertschöpfung in Deutschland bei«, Pressemitteilung vom 14.09.17, Destatis – Statistisches Bundesamt; https://www.destatis.de/DE/PresseService/Presse/Pressemitteilungen/2017/09/PD17_326_811pdf.pdf?__blob=publicationFile [letzter Abruf 7.5.2018]

[47] Siehe Christoph Schrader: »Ein kritischer Blick«, Spektrum – Die Woche 47/2017; http://www.spektrum.de/news/wie-ist-die-umweltbilanz-von-elektroautos/1514423 [letzter Abruf 7.5.2018]

[48] Siehe die Studie des Öko-Instituts in: Ann-Kristin Mull und Rainer Grießhammer: »Ist öko immer gut? Was Welt und Klima wirklich hilft«, Marburg 2017

[49] »Grüner klicken – Greenpeace bewertet den Energieverbrauch von Internetunternehmen«, Greenpeace-Studie auf: https://www.greenpeace.de/sites/www.greenpeace.de/files/publications/20170110_greenpeacestudie_gruener_klicken_zusammenfassung.pdf [letzter Abruf 15.5.2018]

[50] Siehe: »Weihnachtsbaum in Zahlen und Fakten«, Schutzgemeinschaft Deutscher Wald v. 11.12.17; http://www.sdw.de/waldwissen/weihnachtsbaum [letzter Abruf 7.5.2018]

Register

A
Abschminken 108
Altkleidersammlung 131
Aluminium 34, 68
Arzneimittelspende 116
Ätherische Öle 63, 76 f., 102–105., 120 f.
Auto 144–146, 149–155

B
Baby 167–172
Bahn 144 f., 149 f.
Bambus 92, 99, 131
Basteln 64, 162, 178–181
Bienenwachs 102 f.
Biobaumwolle 130 f.
Blumenerde 141, *siehe auch* Zimmerpflanzen
Brot 53–55
Bücher 163, 192 f.

C
Carsharing 144, 151 f., *siehe auch* Auto
CO_2 33, 46 f., 142, 152, 153 f.
Coworking-Space 159 f.
Creme 84 f., 88–90

D
Deodorant 94, 103 f.
Desinfektion 72, 74
Duft 74, 81

E
Einfrieren 49 f.
Einkaufsequipment 41 f.
Einkaufsliste 35, 37, 40, 51
Einkaufstüte 33
Einschlafhilfe 121
Einwegprodukte 16 f., *siehe auch* Mehrweg
Elektroauto 150, 153, *siehe auch* Auto
Elektrogeräte 138 f., 160
Energie Balls 57 f.
Erkältung 120 f.
Essigessenz 73
Essigreiniger 76

F
Fahrrad 145–149, 191
Fahrradlieferservice 41, 64
Fairstainability 114
Fast Fashion 128, 130, 173
Fieber 118 f.
Fleisch 43 f., 46, 49 f.
Flicken 147, 176
Flugreisen 155, 191
Frischkäse 60

G
Garage 26, 125, 190
Gemüse 19, 40, 46, 51 f., 140, 179
Gemüsebrühpulver 58
Gemüsekiste 23, 41, 140
Geschenke 182–184
Geschirrspülmittel 74, 76

Gesichtspflege 90
Glas 18, 29, 31, 33 f., 42
Grippe 120

H
Haarpflege 95–98
Hausarbeit 71–82
Haut 83–90, 108
Husten 117–120
Hygiene 19, 43 f., 49

I
Indien 12 f., 16, 80, 128, 155
Internetdatenverkehr 164

K
Kaffee 65–69
Kalk 81, 142
Käse 48
Kastanien 80 f., 96, 178, 180
Kaufen 122–127
Kindererziehung 165–167, 172 f.
Kindergeburtstag 180 f.
Kleidung 128–133
Körperpflege 83–113
Kosmetik 87, 101, 106, 197
Küchenutensilien 45 f.

L
LED 135 f.
Leihen 26, 30, 123, 133, 175
Lidschatten 109 f.

M
Make-up 105–110
Medikamente 115–119
Mehrweg 27, 29–31, 48, 69
Menstruation 110–113
Mikroplastik 84, 95
Milchprodukte 48 f.
Molke 60 f., 97, 104
Müllentsorgung 13 f.

Müllproduktion in Deutschland 16
Mülltonne 10, 28
Mülltrennung 27 f.

N
Nachfüllpackung 106
Natron 73 f., 76, 96 f., 103, 132
Nudeln 50

O
Öl 84, 88–90, *siehe auch* Ätherische Öle
Ostern 184 f.

P
Papier 32 f., 99 f., 162 f.
Pappkarton 178, 181
Peeling 103 f.
Pendeln 135, 145
Plastik 13–16, 18 f., 30
Polymilchsäure (PLA) 32
Putzlappen 74 f.
Putzmittel 71–78

R
Rasur 84, 87, 93
Recycling 15 f., 16, 27 f., 30, 33, 34, 99 f., 132, 162
Reparierenq 27, 123, 137 f., 175
Restmüll 28
Rouge 110 f.

S
Saisonale Lebensmittel 19, 35, 47
Salzteig 179
Scheuermittel 77
Schnäppchen 36 f., 125, 129
Secondhand 106, 129–132, 160, 173 f.
Seife 84 f., 87 f., 197
Selbstbedienungsladen 14 f.

Snacks 171f., 177
Spiele 181f.
Spielzeug 124, 126, 176–180
Sterben 187–189
Steuern 123f., 163f.

T
Tausch 106, 126, 133
Tee 65f., 69, 197
Tiny House 142f., 156, 199
Toilette 98–101
Toilettenreiniger 76
Tube 91, 95

U
Umzug 38, 125
Unverpacktladen 9, 23, 40, 44f., 50, 101, 158
Upcycling 174f., 196f.

V
Vanille 61f.
Verhütungsmittel 114f.

W
Waschmittel 78–82, 197
Wegwerfgesellschaft 14, 127
Weihnachten 185f.
Werbung 124f.
Windeln 168–170
Wocheneinkauf 14, 40, 51
Wodka 74, 121

Z
Zahnpflege 90–93, 105
Zimmerpflanzen 139–142
Zitronenkekse 56f.
Zitronensäure 74
Zitrusfrüchte 62–64

Die Community für alle, die Bücher lieben

★ In der Lesejury kannst du
Bücher lesen und rezensieren, die noch nicht erschienen sind

★ Gemeinsam mit anderen buchbegeisterten Menschen in Leserunden diskutieren

★ Autoren persönlich kennenlernen

★ An exklusiven Gewinnspielen und Aktionen teilnehmen

★ Bonuspunkte sammeln und diese gegen tolle Prämien eintauschen

Jetzt kostenlos registrieren: www.lesejury.de

Folge uns auf Instagram & Facebook:
www.instagram.com/lesejury
www.facebook.com/lesejury